Wirtschaftsförderung in Lehre und Praxis

Weitere Bände in dieser Reihe
http://www.springer.com/series/13088

Herausgegeben von:

André Göbel
FB Verwaltungswissenschaften
Hochschule Harz
Halberstadt, Deutschland

Die Buchreihe ergänzt das Studium der Wirtschaftsförderung an der Hochschule Harz und wurde unter der Leitung von Professor Dr. André Göbel in enger Kooperation mit Partnern aus der Wissenschaft und Praxis entwickelt. In einem modularen Aufbau werden Grundlagen-, Methoden- und Schlüsselkompetenzen vermittelt. Neue Bedingungen im kommunalen, regionalen und internationalen Standortwettbewerb erfordern eine moderne Verwaltungsinfrastruktur mit Nicht elegant ausgedrückt Nachwuchs an Fach- und Führungspersonal. Eine hohe Serviceorientierung, effektive Methoden und Technologien und eine immer stärkere Verzahnung mit der kommunalen Entwicklung prägen das Bild der heutigen Wirtschaftsförderung. Als Bindeglied zwischen Verwaltungen und Unternehmen bieten Wirtschaftsförderungen ein vielseitiges Tätigkeitsfeld. Buchreihe und Zertifikatskurs richten sich an MitarbeiterInnen aus der Wirtschaftsförderung, der kommunalen Verwaltung sowie an politische Mandatsträger und an Interessierte aus ähnlichen Berufsfeldern.

Tom Brökel

Wissens- und Innovationsgeographie in der Wirtschaftsförderung

Grundlagen für die Praxis

Tom Brökel
Inst. für Wirtschafts- & Kulturgeographie,
Leibniz Universität Hannover
Hannover, Deutschland

Wirtschaftsförderung in Lehre und Praxis
ISBN 978-3-658-13933-9   ISBN 978-3-658-13934-6 (eBook)
DOI 10.1007/978-3-658-13934-6

Die Deutsche Nationalbibliothek verzeichnet diese Publikation in der Deutschen Nationalbibliografie; detaillierte bibliografische Daten sind im Internet über http://dnb.d-nb.de abrufbar.

Springer Gabler
© Springer Fachmedien Wiesbaden 2016
Das Werk einschließlich aller seiner Teile ist urheberrechtlich geschützt. Jede Verwertung, die nicht ausdrücklich vom Urheberrechtsgesetz zugelassen ist, bedarf der vorherigen Zustimmung des Verlags. Das gilt insbesondere für Vervielfältigungen, Bearbeitungen, Übersetzungen, Mikroverfilmungen und die Einspeicherung und Verarbeitung in elektronischen Systemen.
Die Wiedergabe von Gebrauchsnamen, Handelsnamen, Warenbezeichnungen usw. in diesem Werk berechtigt auch ohne besondere Kennzeichnung nicht zu der Annahme, dass solche Namen im Sinne der Warenzeichen- und Markenschutz-Gesetzgebung als frei zu betrachten wären und daher von jedermann benutzt werden dürften.
Der Verlag, die Autoren und die Herausgeber gehen davon aus, dass die Angaben und Informationen in diesem Werk zum Zeitpunkt der Veröffentlichung vollständig und korrekt sind. Weder der Verlag, noch die Autoren oder die Herausgeber übernehmen, ausdrücklich oder implizit, Gewähr für den Inhalt des Werkes, etwaige Fehler oder Äußerungen.

Coverdesign: deblik Berlin unter Verwendung der Grafik der © Hochschule Harz

Gedruckt auf säurefreiem und chlorfrei gebleichtem Papier

Springer Gabler ist Teil von Springer Nature
Die eingetragene Gesellschaft ist Springer Fachmedien Wiesbaden GmbH

Reihenvorwort des Herausgebers

Prof. Dr. André Göbel
(Foto: Hochschule Harz)

Der vorliegende siebte Band in der Schriftenreihe zur „Wirtschaftsförderung in Lehre und Praxis" soll einen Beitrag zur weiteren Professionalisierung der kommunalen Wirtschaftsförderung im deutschsprachigen Raum leisten. Die Schriftenreihe ist dabei prominent eingebettet in die Entwicklungen und angewandt-wissenschaftlichen Auseinandersetzungen beteiligter Forscherinnen und Forscher am Fachbereich Verwaltungswissenschaften der Hochschule Harz auf dem Campus Halberstadt in Sachsen-Anhalt.

Der Forschungs- und Ausbildungsbereich zur Wirtschaftsförderung ist ein interdisziplinärer Themencluster mit starkem Bezug zur öffentlichen Verwaltung. Am Fachbereich Verwaltungswissenschaften der Hochschule Harz wird dieser Themencluster unter anderem als eigenständiger Forschungsschwerpunkt intensiv bearbeitet. Der junge Fachbereich entstand durch die Externalisierung der nicht-technischen Ausbildung zum gehobenen Verwaltungsdienst in Sachsen- Anhalt im Jahre 1997 – ein damaliges Innovationsmodell zur Öffnung der Verwaltungsausbildung und Überführung in eine öffentliche Hochschule. Bis heute wird diese Vorgehensweise als „Halberstädter Modell" bezeichnet und wurde in späteren Jahren auch von anderen deutschen Bundesländern umgesetzt (Bundesvereinigung Hochschullehrerbund 1998, S. 21). Diese Öffnung der Ausbildung ließ erstmals eine breitere Denomination der Professuren und damit auch eine Ausweitung der Ausbildung zu. Mit der Berufung des heutigen Dekans Prof. Dr. Stember auf die Professur für Verwaltungswissenschaften im Jahre 1999 folgte ein erfahrener Wirtschaftsförderer dem Ruf an die Ausbildungsstätte im Harz. Auch durch andere Kolleginnen und Kollegen wurden immer wieder Themen der kommunalen Wirtschaftsförderung in die Ausbildung integriert.

Aus diesem Nukleus heraus entstanden erste Forschungsprojekte bis hin zum Aufbau des heute bundesweit viel beachteten Labors für angewandte IT in der Wirtschaftsförderung. Dieses „Wirtschaftsförderungslabor" führt inzwischen vertraglich mehr als 50 kommunale Wirtschaftsförderungen und die deutschen Markführer von System- und Beratungslösungen für Wirtschaftsförderungen als Partner zusammen. Hier werden seit dem Jahr

2011 in einer einzigartigen Gemeinschaft neue Methoden und Technologien im Anwendungsfeld der Wirtschaftsförderung analysiert, diskutiert und im Praxiseinsatz erprobt. Hinzu kam im Jahr 2013 der Aufbau eines zugehörigen Lehrlabors zur besseren Verzahnung von Forschung und Ausbildung (vgl. Göbel 2014).

Diese Leistungen wurden durch eine erfolgreiche Teilnahme am Wettbewerb „Aufstieg durch Bildung: offene Hochschulen" honoriert. Hierdurch werden seit 2014 mit Förderung des Bundesministeriums für Bildung und Forschung, kofinanziert durch die Europäische Union mit Mitteln des Europäischen Sozialfonds, erste Zertifikatskurse zur berufsbegleitenden Weiterbildung in der Wirtschaftsförderung realisiert. Mit großem Bestreben werden ab dem Wintersemester 2016/2017 diese geförderten Weiterbildungsangebote nachhaltig zu einem berufsbegleitenden und modular angebotenen Zertifikats- und Masterstudium an der Hochschule Harz zusammengeführt. Hierdurch möchte die Hochschule Harz der bestehenden Nachfrage gerecht werden, welche die vorliegenden Anfragen und die bisherigen Teilnehmer von der Geschäftsführungsebene bis zur Sachbearbeitung bestätigen.

Um diesen Ausbildungsbeitrag zur Professionalisierung des Berufsbilds der Wirtschaftsförderinnen und Wirtschaftsförderer weiter zu stärken, werden mit der vorliegenden Schriftenreihe die gewonnenen Erkenntnisse aus Lehre und Praxis sowohl als Printmedium sowie auch in Form von digitalen Auszügen über moderne Kommunikationskanäle verfügbar gemacht. Die aktuell in sehr kurzen Zyklen produzierten Bände dieser Schriftenreihe folgen dem modularen Ausbildungsziel des oben genannten Zertifikatsstudiums an der Hochschule Harz. In diesem Rahmen werden je vier Bände mit dem Schwerpunkten Verwaltungswissenschaft, Geografie/Raumplanung sowie Wirtschaftswissenschaft entwickelt und in kurzen Abständen veröffentlicht. Somit soll eine modulare Weiterbildung für aktuell häufig vertretene Berufsgruppen in der kommunalen Wirtschaftsförderung ermöglicht werden. Hierzu gehören vor allem Geographinnen und Geographen mit möglichen Weiterbildungsbedarfen in Verwaltung und Wirtschaft; Soziologinnen und Soziologen sowie Studierende mit einem Abschluss in den Verwaltungswissenschaften mit jeweiligen Weiterbildungsbedarfen in Geografie und Wirtschaft; sowie Studierende der Volks- oder Betriebswirtschaft mit denkbaren Weiterbildungsbedarfen in Verwaltung und Geografie. Diese Bedarfe sollen mit der vorliegenden Schriftenreihe zur Wirtschaftsförderung in Lehre und Praxis aufgenommen und bearbeitet werden. Gleichermaßen gelten alle nachfolgenden Kernveröffentlichungen gleichzeitig als Basislektüre für das Weiterbildungsangebot zur Wirtschaftsförderung an der Hochschule Harz. Die vorliegende Schriftenreihe umfasst dabei perspektivisch folgende Bände:

Im Spektrum „Verwaltungswissen für Wirtschaftsförderer" erscheinen:

- Grundlagen der Wirtschaftsförderung
- Steuerung, Methoden und Netzwerke in der Wirtschaftsförderung
- Serviceorientierte Verwaltung und Wirtschaftsförderung
- Neue Technologien in der Wirtschaftsförderung

Zum Themencluster „Geografie und Raumplanung für Wirtschaftsförderer" erscheinen:

- Entwicklung- und Regionalökonomie in der Wirtschaftsförderung
- Wissen- und Innovationsgeographie in der Wirtschaftsförderung
- Standortmanagement in der Wirtschaftsförderung
- Standortmarketing in der Wirtschaftsförderung

Im Bereich „Wirtschaftswissen für Wirtschaftsförderer" werden aktuell vorbereitet (Arbeitstitel):

- Existenzgründung und Existenzförderung in der Wirtschaftsförderung
- Unternehmensfinanzierung und -förderung aus Sicht der Wirtschaftsförderung
- Innovationsmanagement in Unternehmen aus Sicht der Wirtschaftsförderung
- Unternehmensführung und Wandel aus Sicht der Wirtschaftsförderung

Neben diesen Aspekten werden auch Querschnittsthemen in die Reihe einfließen, wie zum Beispiel aktuelle Themen der Strategieentwicklung zur Organisation der Wirtschaftsförderung und weitere Aspekte.

Mit all diesen thematischen Facetten soll ein Beitrag zur breiten öffentlichen Diskussion über die Chancen der Professionalisierung sowie über die notwendigen Kompetenzen, Ausstattungen und künftigen Aufgaben der kommunalen Wirtschaftsförderung geleistet werden. Ich freue mich daher Ihnen als Leserin und Leser nun gemeinsam mit Juniorprofessor Dr. Tom Brökel diesen Übersichtsband zur „Wissens- und Innovationsgeografie in der Wirtschaftsförderung" in der Schriftenreihe zur Wirtschaftsförderung in Lehre und Praxis anbieten zu können. Wir freuen uns auf Ihre Rückmeldungen und wünschen Ihnen eine angenehme Lektüre.

Ihr
Prof. Dr. André Göbel

Vertreter der Professur für Verwaltungsmanagement und Wirtschaftsförderung, Hochschule Harz Leiter der Labore für angewandte IT in der Wirtschaftsförderung

Literatur

[1] Bundesvereinigung Hochschullehrerbund 1998: Halberstädter Modell der FH Harz ist bundesweit einzigartig. Die neue Hochschule Jg. 39 (1998), H. 1
[2] Göbel, André 2014: Möglichkeiten einer gezielten Förderung der Zusammenarbeit von Hochschulen, Wirtschaft und Verwaltung. Darstellung am Beispiel des Aufbaus eines Innovationslabors für Wirtschaftsförderung an der Hochschule Harz. In: Lück-Schneider, Dagmar; Kraatz, Erik: Kompetenzen für zeitgemäßes Public Management. HWR Forschung Bd. 56/57. Edition Sigma Verlag.

Danksagung

Ich möchte mich bei allen bedanken, die zur Fertigstellung des Buches beigetragen haben. Besonderer Dank gilt dabei Christoph Alfken, Matthias Brachert, Simon Huhndorf, Lars Mewes, Wladimir Müller und Christoph Rösler.

Auch wäre das Buch nicht ohne die Unterstützung meiner Mutter gelungen. Dafür möchte ich mich hiermit ganz herzlich bedanken. Ihre kritischen Anmerkungen und Verbesserungsvorschläge haben die Lesbarkeit des Buches deutlich verbessert.

Die größten Opfer haben aber meine Kinder und meine Frau erbracht. Die Zeit, die in das Buch geflossen ist, habe ich Ihnen vorenthalten. Ihnen gebührt mein größter Dank.

Abkürzungsverzeichnis

BMBF	Bundesministerium für Bildung und Forschung
d. h.	Das heißt
EU	Europäische Union
EU-FRP	Forschungsrahmenprogramme der EU
F&E	Forschung- und Entwicklung
IuK	Informations- und Kommunikationstechnologie
z. B.	Zum Beispiel

Exkursverzeichnis

Exkurs 1:   Silicon Valley
Exkurs 2:   Moralisches Risiko
Exkurs 3:   Neue Ökonomische Geographie
Exkurs 4:   Externalität
Exkurs 5:   Menschenbilder
Exkurs 6:   Transaktionskosten
Exkurs 7:   Cluster
Exkurs 8:   Industrielebenszyklus
Exkurs 9:   Spin-off
Exkurs 10:   Empirische Ermittlung von Technologieverwandtschaften
Exkurs 11:   EU-Kohäsionspolitik

Inhaltsverzeichnis

1	**Einführung**	1
	1.1 Problemhintergrund und Aktualität	1
	1.2 Ziele des Buches	6
	1.3 Strukturierungen	7
	1.4 Die Basisliteratur	7
	Literatur	8
2	**Wissen und Innovationen**	9
	2.1 Daten, Informationen und Wissen	9
	2.2 Implizites Wissen	10
	2.3 Wissen und der Grad der Implizität	12
	2.4 Definition von Innovation und verschiedene Arten von Innovationen	13
	2.5 Innovationen und Wissenstransfers	15
	Literatur	17
3	**Wissenstransfer im Raum**	19
	3.1 Wissenstransfer	19
	3.2 Absorption von explizitem, kodifiziertem Wissen	21
	3.3 Lernen durch Beobachten	23
	3.4 Informelle Wissenstransfers	23
	3.5 Räumliche Mobilität von Wissensträgern	25
	3.6 Absolventen/Praktikanten/Doktoranden	30
	3.7 Kooperationen	31
	3.8 Interorganisationale Wissensnetzwerke	33
	Literatur	39
4	**Wissens-Spillover und Wissensexternalitäten**	43
	4.1 Räumliche Wissens-Spillover und Externalitäten	43
	4.2 Wissen als lokales öffentliches Gut?	46
	4.3 Wissen und Ausschließbarkeit	47
	4.4 Wissen und Rivalität in der Nutzung	50
	4.5 Empirische Evidenz zu räumlichen Wissens-Spillovern	51
	Literatur	52

5 Arten der Nähe ... 55
5.1 Mehr als nur geographische Nähe ... 55
5.2 Kognitive Nähe ... 56
5.3 Organisationale Nähe ... 60
5.4 Soziale Nähe ... 61
5.5 Institutionelle Nähe ... 62
5.6 Geographische Nähe ... 63
5.7 Beziehungen zwischen den Nähearten ... 65
Literatur ... 68

6 Politische Unterstützung der Innovationsgenerierung ... 71
6.1 Patentrecht ... 71
6.2 Aktive Förderung von Forschungs- und Entwicklungsaktivitäten ... 73
Literatur ... 81

7 Politische Unterstützung für Kooperationen und Netzwerke ... 83
7.1 BMBF-Verbundprojektförderung ... 83
7.2 EU-Forschungsrahmenprogramme ... 88
Literatur ... 95

8 Evolutorische Wirtschaftsgeographie und Innovationsgeographie ... 97
8.1 Von der Neoklassik zur Evolutorischen Wirtschaftsgeographie ... 98
8.2 Grundlagen der Evolutorischen Ökonomik ... 99
8.3 Das Konzept der Pfadabhängigkeit ... 102
8.4 Die Evolutorische Wirtschaftsgeographie ... 107
8.5 Regional branching ... 108
8.6 Politische Unterstützung von Branchen ... 114
8.7 Die Smart-Specialization-Strategie der EU ... 116
Literatur ... 120

9 Gesamtresümee und Abschlusskontrolle ... 123
9.1 Resümee ... 123
9.2 Abschließende Kontroll- und Lernfragen ... 124

Einführung 1

1.1 Problemhintergrund und Aktualität

Der ökonomische Wohlstand ist weltweit sehr ungleich verteilt, wie Abb. 1.1 illustriert. In ihr ist die Welt so dargestellt, dass die geographische Größe der Länder entsprechend ihres ökonomischen Wohlstandes verzerrt wird. Das heißt, Länder, deren Anteil am weltweiten Wohlstand (Weltbruttoinlandsprodukt) größer ist als sie flächenmäßig Anteil an der Oberfläche der Erde haben, werden größer dargestellt, und Länder, bei denen es genau anders herum ist, sind kleiner. Deutlich zu erkennen ist die extrem aufgeblähte Form der USA, von Europa, China und von Japan. Kaum zu erkennen sind dagegen die zusammengepressten Formen von Afrika und Südamerika sowie von weiten Teilen Vorderasiens.

Die Abb. 1.1 zeigt, dass sich der ökonomische Wohlstand in wenigen Ländern der Welt konzentriert, wohingegen weite Teile der Welt kaum Anteil daran haben. Das trifft allerdings nicht nur auf die weltweite Verteilung des Wohlstandes zu, sondern auch innerhalb von Ländern gibt es wohlhabende und arme Regionen, selbst in weit entwickelten Ländern. Abb. 1.2 illustriert dies für Deutschland. Dort sind die (Land-)Kreise und Städte gemäß ihres ökonomischen Wohlstandes eingefärbt (gemessen mit dem Bruttoinlandsprodukt pro Einwohner in EUR). Je geringer der Wohlstand, desto heller die Farbe.

Auch hier werden große Unterschiede sichtbar. So ist der ökonomische Wohlstand in einigen Kreisen mehr als doppelt so groß wie in anderen Kreisen. Warum der Wohlstand so ungleich verteilt ist, soll im Folgenden aufgezeigt werden.

Die klassischen und neoklassischen Theorien der Wirtschaftsgeografie geben hierauf klare Antworten. Die unterschiedlichen Ausstattungen mit den Produktionsfaktoren verfügbarer Boden, Kapital (Maschinen, Infrastruktur, etc.) und Arbeitskräfte sind ursächlich für die Wohlstandsunterschiede zwischen Ländern und Regionen. Mehr Arbeitnehmer bedeuten mehr Individuen, die wertschaffend tätig sein können. Besserer bzw. mehr Boden kann zu größeren Ernteerträgen führen, und mehr Kapital kann z. B. in Form von zusätzlichen Maschinen die Produktivität der Arbeitnehmer erhöhen.

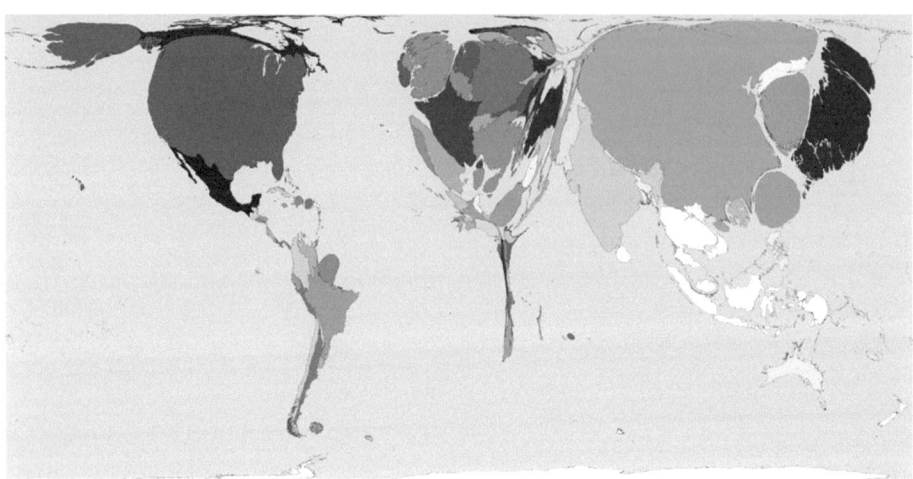

Abb. 1.1 Bruttoinlandsprodukt im Jahr 2015. Quelle: worldmapper.org 2015, Copyright Benjamin D. Hennig (Worldmapper Project)

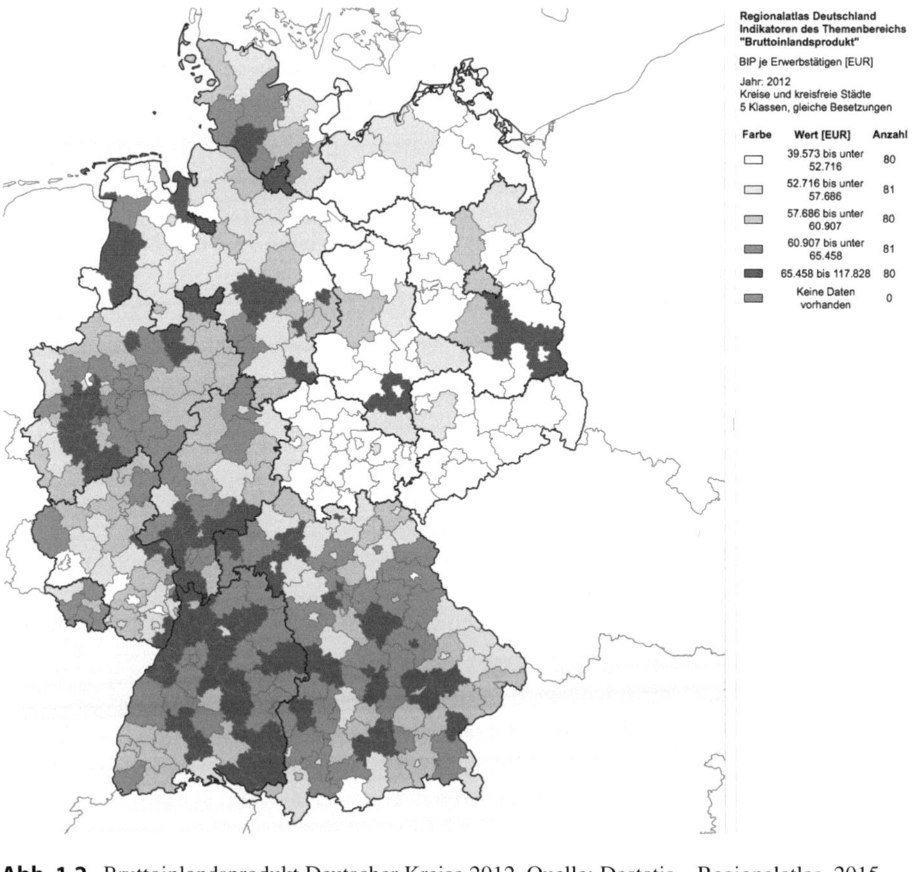

Abb. 1.2 Bruttoinlandsprodukt Deutscher Kreise 2012. Quelle: Destatis – Regionalatlas, 2015

1.1 Problemhintergrund und Aktualität

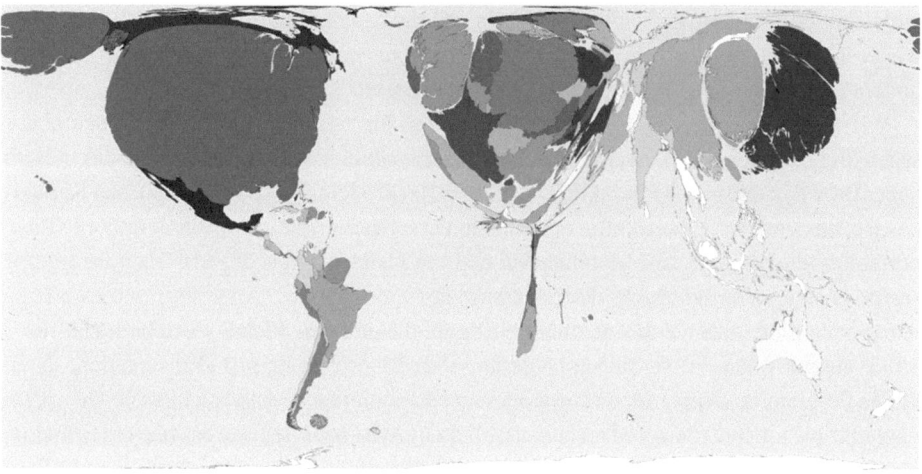

Abb. 1.3 Anzahl der PCs/pro tausend Einwohner. Quelle: worldmapper.org 2015, Copyright Benjamin D. Hennig (Worldmapper Project)

Zukünftiges Wachstum des Wohlstandes kann entsprechend primär dadurch erreicht werden, dass einer oder mehrere dieser Produktionsfaktoren erhöht werden. Interessant ist dabei die Frage, ob dies in entwickelten Ländern überhaupt noch möglich ist.

Abb. 1.3 nutzt die gleiche Darstellungstechnik wie Abb. 1.1, nur zeigt sie die Anzahl der Computer pro tausend Einwohner, was als eine Approximation für die Kapitalausstattung der Länder angesehen werden kann. Ganz im Sinne der obigen Argumentation sind es die gleichen Länder, die eine hohe Kapitalausstattung haben und damit auch beim ökonomischen Wohlstand gut abschneiden. Allerdings bedeutet es auch, dass die Kapitalausstattung in diesen Ländern bereits (im Vergleich zu den weniger gut ausgestatteten Ländern) sehr hoch ist und sich somit die Frage stellt, ob eine weitere Erhöhung der Kapitalausstattung noch weiteres Wachstum schaffen kann. Anders ausgedrückt, gibt es in Deutschland einen gravierenden Mangel an Traktoren, Maschinen oder Fabrikgebäuden? Wird irgendein Produkt aus Mangel an Kapital nicht, zu wenig oder zu teuer hergestellt? Wenn dem nicht so ist – kann dann eine Erhöhung der Kapitalausstattung zu weiterem ökonomischen Wachstum führen?

Bei den anderen Produktionsfaktoren ist die Situation ähnlich. Die Geburtenraten sinken in den meisten entwickelten Ländern seit Jahren und ein stärkerer Zuzug von Menschen aus anderen Ländern ist politisch und sozial nur schwer zu gestalten. In den meisten entwickelten Ländern kann auch das Arbeitskräftepotenzial (die Anzahl der verfügbaren Arbeitskräfte) nur noch in geringem Maße erhöht werden (z. B. durch eine Erhöhung der Frauenerwerbsquote). Das heißt, dass wirtschaftliches Wachstum über eine Erhöhung der Anzahl der Erwerbspersonen in entwickelten Ländern nur eingeschränkt möglich ist. Eine Intensivierung der Bodennutzung oder gar eine Ausweitung der wirtschaftlich nutzbaren Flächen entfällt ebenfalls aus ökologischen und politischen Gründen sowie der ohnehin schon hohen Nutzungsintensität.

Zusammengefasst bedeutet dies, dass weitere Wohlstandssteigerungen über eine Erhöhung der klassischen Produktionsfaktoren (Arbeit, Kapital, Boden) in den meisten entwickelten Ländern nicht ohne Weiteres möglich sind. Allerdings gibt es noch einen weiteren Produktionsfaktor, der in den klassischen und neoklassischen Theorien vergleichsweise wenig Beachtung findet, nämlich Wissen.

Wissen ist die Grundlage für Innovationen, und Innovationen treiben neben den klassischen drei Faktoren das Wirtschaftswachstum. Innovationen sind neues Wissen, das in Form neuer Produkte und neuer Produktionstechniken die Produktivität des vorhandenen Kapitals, des Bodens und der Arbeitskräfte erhöht. Ein aktuelles Beispiel ist das Smartphone. Einen portablen Musikspieler, ein Mobiltelefon und ein kleines Gerät, mit dem man im Internet surfen kann, gab es schon vor der Erfindung des Smartphones. Allerdings war es erst die Kombination der drei Geräte zu einem einzigen, die erst eine kleine wirtschaftliche Revolution ausgelöst hat. So verdienen heute tausende Menschen ihren Lebensunterhalt damit, kleine Programme (Apps) für Smartphones zu programmieren, die verschiedene Dienstleistungen anbieten. Ihre (zum Teil recht einträglichen) Arbeitsplätze hätte es ohne die Erfindung des Smartphones nicht gegeben. Ebenso hat das Smartphone Wohlstandsgewinne in Form von vereinfachter Kommunikation und Navigation, mobiler Bildtelefonie, elektronischer Wasserwaage sowie (vereinfachter) Bezahlsysteme, etc. geschaffen.

Das Beispiel des Smartphones zeigt, dass auch in entwickelten Ländern mit ihren hohen Ausstattungen an Kapital, Arbeitskräften und intensiver Bodennutzung, durch Innovationen, d. h. neues Wissen, weitere Wohlstandszuwächse möglich sind. Das wurde auch in der Politik erkannt. So rief zum Beispiel der frühere Bundeskanzler Schröder das Jahr 2004 zum „Jahr der Innovation" aus.

Allerdings verhält es sich mit Innovationen und Wissen wie mit den anderen drei klassischen Produktionsfaktoren – auch sie sind räumlich sehr ungleich verteilt.

Abb. 1.4 zeigt die Länder der Erde, wobei die Fläche der Länder diesmal durch die Anzahl der Patentanmeldungen im Jahr 2002 verzerrt wird. Patente dienen in diesem

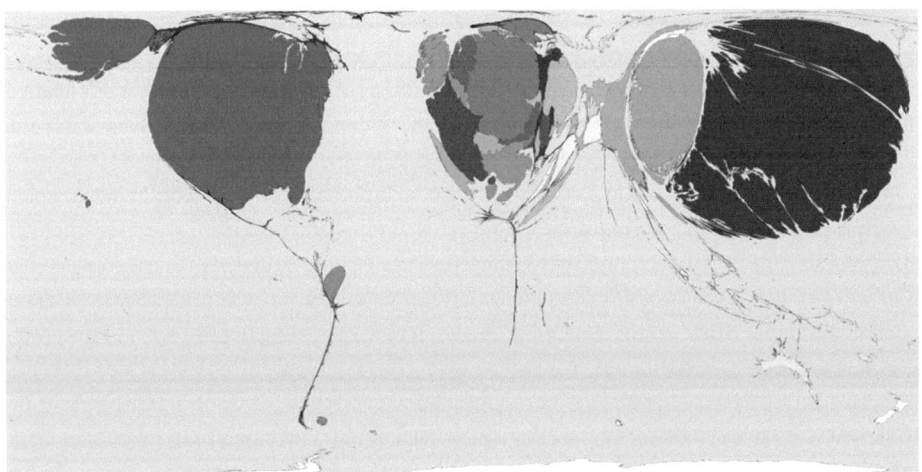

Abb. 1.4 Anzahl Patentanmeldungen im Jahr 2002. Quelle: worldmapper.org 2015 Copyright Benjamin D. Hennig (Worldmapper Project)

1.1 Problemhintergrund und Aktualität

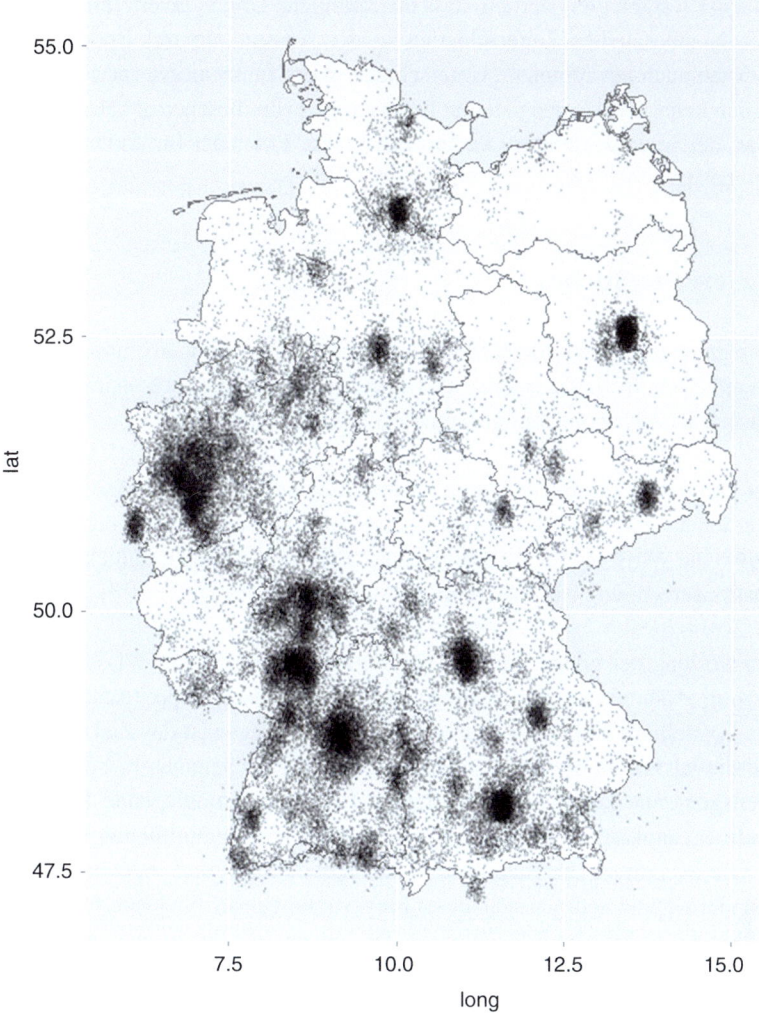

Abb. 1.5 Patentanmeldungen in Deutschland. Quelle: Eigene Darstellung aufbauend auf OECD RegPat (2014)

Fall als ein einfacher Indikator für die Anzahl der Innovationen, die in einem Land in diesem Jahr entstanden sind. Hier stellen sich die vier Regionen USA, Europa, China und Japan als noch dominierender dar als in den vorangegangenen Abbildungen. Auch innerhalb von Deutschland sind die Anzahl der Innovationen räumlich sehr ungleich verteilt, wie Abb. 1.5 anhand der räumlich verorteten Patentanmeldungen im Jahr 2005 exemplarisch zeigt. So stechen hier insbesondere der Süd-Westdeutsche Raum sowie generell die Städte mit hohen Patentanmeldungen hervor, wohingegen im ländlichen Raum, im Norden und im Osten Deutschlands deutlich weniger Innovationen registriert werden.

Somit kann festgehalten werden, dass die räumliche Ungleichverteilung des ökonomischen Wohlstandes neben Unterschieden in der Ausstattung mit Boden, Kapital und Arbeitskräften auch auf regionale Unterschiede in der Innovationsgenerierung zurückgeführt werden kann. Gleichzeitig stellen Innovationen von diesen vier Faktoren denjenigen Faktor dar, der in entwickelten Ländern das größte Potenzial für weiteres Wohlstandswachstum besitzt.

1.2 Ziele des Buches

Im vorangegangenen Abschnitt wurde angeführt, dass Innovationen ein wichtiger Baustein des ökonomischen Wohlstands sind, aber ihre Erzeugung räumlich sehr ungleich verteilt ist. Daraus lassen sich zwei zentrale Fragen ableiten:

- Woher kommt die räumliche Ungleichverteilung der Innovationsaktivitäten bzw. warum werden an einigen Orten Innovationen häufiger erzeugt als an anderen Orten?
- Wie kann die Wirtschaftspolitik/Wirtschaftsförderung auf die räumliche Verteilung der Innovationserzeugung Einfluss nehmen?

Die Beantwortung der ersten Frage ist das zentrale Anliegen der Wissens- und Innovationsgeografie, während die zweite Frage dies in den wirtschaftspolitischen Kontext überträgt. Die Vorstellung möglicher Antworten auf diese Fragen ist das Ziel dieses Buches.

Grundsätzlich ist das Buch als eine Einführung in das Themengebiet der Wissens- und Innovationsgeografie konzipiert. Entsprechend erfahren grundlegende Konzepte relativ große Aufmerksamkeit: Was ist Wissen? Welche Arten des räumlichen Wissenstransfers gibt es? Wie beeinflusst der Raum die Wissensproduktion- und -nutzung? Insbesondere die ersten vier Kapitel nehmen sich dieser Fragestellungen an. Nichtsdestotrotz enthält das Buch zahlreiche praktische Beispiele, die das Verständnis der in weiten Teilen theoretischen Inhalte erleichtern sollen.

Die bis dahin stark geographische Perspektive wird im Kap. 5 erweitert durch die Berücksichtigung weiterer Dimensionen, die für das Verständnis von Wissensentstehungs- und -transferprozessen wichtig sind. So wird neben der organisatorischen, institutionellen und sozialen Dimension insbesondere die Relevanz kognitiver Aspekte im Kontext der Innovationsentstehung und Innovationsdiffusion beleuchtet.

Nach diesen grundlegenden Ausführungen werden die politische Unterstützung der Innovationsgenerierung, sowie die politische Förderung von Kooperationen und Netzwerken thematisiert. Kap. 6 und 7 nehmen sich dieser Themen an und diskutieren die Motivation für solche politischen Interventionen. Zusätzlich werden aktuelle politische Programme vorgestellt, die auf diesen Überlegungen aufbauen. Sie verdeutlichen nicht nur die Relevanz des Themengebietes, sondern auch, dass zahlreiche theoretische Ideen und Konzepte bereits Einzug in die wirtschaftspolitische Praxis und damit auch in die Wirtschaftsförderung gefunden haben.

1.4 Die Basisliteratur 7

Im letzten inhaltlichen Kapitel (Kap. 8) wendet sich das Buch der Evolutorischen Wirtschaftsgeografie zu. Dieser noch sehr junge Ansatz der Wirtschaftsgeografie nimmt zentrale Aspekte der Wissens- und Innovationsgeografie auf und ordnet sie in ein (noch nicht vollständiges) übergeordnetes Theoriegebäude ein. Trotz der noch fehlenden Vollendung des Ansatzes wird in dem Kapitel aufgezeigt, dass er bereits zur Ableitung wirtschaftspolitischer Entscheidungen und Strategien im Kontext der Wissens- und Innovationsgeografie genutzt werden kann. Ein Beispiel, das vor dem Hintergrund dieses Ansatzes und seiner Implikationen diskutiert wird, ist die „smart-specialization"-Strategie der EU.

Das Buch schließt mit einer kurzen Zusammenfassung in Kap. 9.

Allerdings stellt das Buch, wie bereits erwähnt, nur eine Einführung in ausgewählte Aspekte der Wissens- und Innovationsgeografie dar. Weite Bereiche dieses Themengebietes werden nicht behandelt. Das betrifft insbesondere die endogenen und regionalen Wachstumstheorien, die Forschung zu regionalen Innovationssystemen und -milieus sowie die klassischen Innovations- und Wissensdiffusionstheorien in der Tradition von Hägerstrand (1967). Das Weglassen dieser Themen bedeutet nicht, dass diese von geringer Relevanz sind. Die Auswahl der Themen beruht auf der subjektiven Wahrnehmung des Autors, welche Themen aktuell in der Wissens- und Innovationsgeografie die meiste Aufmerksamkeit erfahren und gleichzeitig für Wirtschaftsförderer besonders relevant sind.

1.3 Strukturierungen

Das Buch ist in 9 Kap. strukturiert und jedes Kapitel kann eigenständig studiert werden. Querverbindungen zwischen den einzelnen Kapiteln sind explizit kenntlich gemacht. Die 9 Kapitel bauen allerdings aufeinander auf und sind so geordnet, dass sie entsprechend der Nummerierung gelesen werden sollten. Weiterhin enthalten die Kapitel eine Reihe von Exkursen. Diese Exkurse stellen kurz Themen vor, deren Kenntnis für das Verständnis des Buches zwingend erforderlich ist, die aber nicht notwendigerweise zum Themengebiet der Wissens- und Innovationsgeografie gehören. Der Inhalt des Buches ist so aufbereitet worden, dass er auch für Personen verständlich ist, die sich bisher noch nie mit dem Themengebiet der Wissens- und Innovationsgeografie beschäftigt haben. Das Buch setzt fundierte Kenntnisse der Volkswirtschaftslehre sowie der Wirtschaftsgeografie/Regionalökonomie voraus.

1.4 Die Basisliteratur

Das Themengebiet der Wissens- und Innovationsgeografie ist nicht klar umrissen und stellt keine wirkliche eigenständige Disziplin dar. Es ist vielmehr ein Forschungsstrang in der Wirtschaftsgeografie und insbesondere in der Evolutorischen Wirtschaftsgeografie. Überschneidungen weist es aber auch mit der Soziologie (gerade beim

Thema Wissensnetzwerke) und der klassischen Externalitätenforschung in der Regionalökonomie auf. Aus diesem Grund gibt es auch noch kein Lehrbuch zum Thema. Dennoch werden folgende Beiträge als zusätzliche Lektüre zum Buch empfohlen:

- Bathelt, H.; Glückler, J. (2012). Wirtschaftsgeografie. Stuttgart (3. Aufl.): Ulmer
- Boschma, R.A., 2005. Proximity and innovation: a critical assessment. Regional Studies, 39(1):61–74
- Boschma, R. A.; Frenken, K. (2009). Technological relatedness and regional branching. In M. P. F. H. Bathelt & D. F. Kogler (Eds.), Dynamic Geographies of Knowledge Creation and Innovation. Routledge. London. UK/New York, USA
- Boschma, R.; Martin, R (2010). The handbook of evolutionary economic geography, Cheltenham: Edward Elgar Publishing Ltd
- Brandt, A. (2011): Innovationspolitik für Wissensräume. In: RegioPol – Zeitschrift für Regionalwirtschaft 1/2/2011, S. 159–172
- Cordes. C. (2014). The Application of Evolutionary Concepts in Evolutionary Economics. Papers on Economics & Evolution, 2014–2
- Liefner, I.; Schätzl, L. (2012). Theorien der Wirtschaftsgeografie (10. Aufl.). Paderborn, München, Wien u. a.: Schöningh
- Foray, D.; David, P. A.; Hall, B. (2011). Smart Specialization – From academic idea to political instrument, the surprising career of a concept and the difficulties involved in its implementation. MTEI Working Paper 2011–001
- Schamp, E. W. (2012). Evolutionäre Wirtschaftsgeografie: Eine kurze Einführung in den Diskussionsstand. Zeitschrift für Wirtschaftsgeografie, 56(3):121–128
- Schätzl, L. (2003/2000/1994). Wirtschaftsgeografie 1. Theorie. (9. Aufl.)./2. Empirie (3. Aufl.)/3. Politik (3. Aufl.). Paderborn, München, Wien u. a.: Schöningh
- Witt, U. (2001). Wirtschaft und Evolution, Zeitschrift für Sozialökonomie, 130

Literatur

Destatis. (2015). *Regionalatlas Deutschland, Indikatoren des Themenbereichs „Bruttoinlandsprodukt", Statistische Länder des Bundes und der Länder*.https://www.destatis.de/DE/ZahlenFakten/LaenderRegionen/Regionales/Regionalatlas/Regionalatlas.html.
Hägerstrand, T. (1967). *Innovation diffusion as a spatial process*. Chicago: The University of Chicago Press.
Worldmapper.org. (2015). www.worldmapper.org.

Wissen und Innovationen 2

> **Zusammenfassung** In diesem Kapitel werden die Grundbegriffe **Wissen** und **Innovationen** definiert. Besonders wird dabei auf verschiedene Arten des Wissens eingegangen. Weiterhin wird aufgezeigt, dass Wissen und insbesondere interorganisationaler Wissenstransfer die Grundvoraussetzungen für Innovationen sind.

Lernziele

- Begriffsdefinition für Wissen, Daten und Informationen
- Kennenlernen der Bedeutung des impliziten Wissens und seiner Relevanz für verschiedene Arten des Wissens
- Kenntnis der Definition von Innovationen sowie der Unterscheidung verschiedener Arten von Innovationen
- Kennenlernen der Beziehungen zwischen Innovationen und interorganisationalem Wissenstransfer

2.1 Daten, Informationen und Wissen

Zu Beginn soll der Begriff des Wissens in Abgrenzung von Informationen und Daten definiert werden. Tab. 2.1 verdeutlicht die Unterschiede zwischen den drei Begriffen.

Daten bilden die Grundlage für Informationen. Sie sind unorganisiert und unstrukturiert. Sie repräsentieren reine Ansammlungen von Zahlen oder Fakten, die über die menschlichen Sinne aufgenommen werden. Im Gegensatz dazu sind Informationen strukturierte und formatierte Datenbestände, die bereits in einen Kontext eingeordnet

Tab. 2.1 Daten, Information und Wissen

Daten	Informationen	Wissen
21	21° Celsius	Sommerliches Wetter
Unstrukturiert	<=>	Strukturiert
Isoliert	<=>	Eingebunden
Kontext-unabhängig	<=>	Kontext-abhängig
Zeichen	<=>	Kognitive Handlungsmuster

worden sind. Wissen ist dagegen immer mit dem Verständnis für eine Sache verbunden. Es besteht aus Informationen, die von Individuen vor dem Hinblick bereits absorbierten Wissens evaluiert und verarbeitet worden sind. Wissen steht den Personen sofort zur Verfügung und kann direkt in Handlungen umgesetzt werden (Davenport et al. 1998, S. 43). Gleichzeitig beschreibt Wissen die kognitive Fähigkeit eines Individuums, neue Informationen zu erfassen, zu interpretieren und zu verstehen sowie sie in manuelle oder intellektuelle Handlung umzusetzen. Cohen und Levinthal (1990) sprechen in diesem Zusammenhang von der sogenannten „*absorptiven Kapazität*". Diese beschreibt die Möglichkeit (d.h. Kapazität) eines Individuums aber auch von Organisationen, neue Informationen aufzunehmen, zu interpretieren und in Handlungen zu übertragen. In anderen Worten, es ist also die Fähigkeit Information in Wissen umzuwandeln (vgl. Schätzl 2003, S. 229).

Im allgemeinen Sprachgebrauch und in der Literatur werden Information und Wissen häufig synonym verwendet. So wird zum Beispiel später von „Wissenstransfer" und „Wissensnetzwerken" gesprochen, obwohl streng genommen nur Informationen zwischen Individuen und Organisationen ausgetauscht werden können, da Wissen immer personengebunden ist. Um verständlich zu bleiben, schließt sich das Buch dem allgemeinen Sprachgebrauch an und wird ebenfalls den Austausch von Informationen als Wissenstransfer bezeichnen. Dies ist gerechtfertigt, da ein Wissenstransfer nur erfolgreich ist, wenn die Informationen auch absorbiert (in Wissen umgewandelt) worden sind.

2.2 Implizites Wissen

Wissen kann verschiedentlich klassifiziert werden, wobei sich einige grundsätzliche Klassifizierungen durchgesetzt haben. So kann Wissen auf unterschiedliche Art und Weise gespeichert werden. In diesem Zusammenhang wird zwischen kodifiziertem (engl. *codified*) bzw. *kodifizierbarem*, *explizitem* Wissen und nicht-kodifizierbarem *impliziten* (engl. *tacit*) Wissen unterschieden.

Explizites Wissen kann in einer Sprache verbal (ausgedrückt), niedergeschrieben, durch Bilder und Skizzen festgehalten oder auch in Formeln ausgedrückt werden. In anderen Worten, es kann kodifiziert werden. Unter kodifiziertem Wissen fallen somit Dokumente wie z.B. (Betriebs-) Anleitungen, technische Zeichnungen, Musiknoten, wissenschaftliche Artikel usw.. Kodifiziertes Wissen wurde von Personen so aufbereitet

2.2 Implizites Wissen

und in Dokumenten oder digitalen Dateien festgehalten, dass ihr Verständnis unabhängig von ihrem Verfasser geworden ist (vgl. David und Foray 2003, S. 25 f.).

Allerdings kann es bei der Kodifizierung von Wissen zu bestimmten „Verlusten" kommen. Daher ist eine Unterscheidung zwischen bereits kodifiziertem und kodifizierbarem Wissen zweckmäßig. Beim Prozess des Kodifizierens wird Wissen wieder in Informationen umgewandelt. Somit ist es wahrscheinlich, dass das ursprüngliche Wissen nicht vollständig erhalten bleibt (vgl. David und Foray 2003, S. 26). Das Ausmaß des „Wissensverlustes" ist nicht immer gleich groß. Bei einem Wissenschaftler, der nach standardisierten Regeln einen Laborversuch dokumentiert, wird der Wissensverlust wahrscheinlich relativ gering sein. Wird man jedoch versuchen, die „Kunst" des Fahrradfahrens in einem Lehrbuch niederzuschreiben, sind die Verluste sehr wahrscheinlich deutlich höher. Mit anderen Worten, häufig lassen sich nicht alle Wissensbestandteile kodifizieren. Entsprechend wird bei einer alleinigen Weitergabe des Wissens in kodifizierter Form immer nur ein Teil des eigentlichen Wissens von einem Individuum (z. B. dem Verfasser dieses Buches) auf ein anderes (z. B. den Leser) übertragen.

Der Grund hierfür findet sich im sogenannten *impliziten* (tacit) Wissen. Dieser Begriff geht auf Michael Polanyi zurück und auf sein Buch „*The Tacit Dimension*" von 1966. Der Kern seiner Abhandlung über implizites Wissen kann mit einem berühmten Zitat zusammengefasst werden: „*we can know more than we can tell*" (Polanyi 1966, S. 4). Das bedeutet, dass es Dinge gibt, die wir zwar wissen, die wir aber nicht ausdrücken können, auch nicht über Gestik, Mimik und physische Handlungen.

Um die Existenz dieser Art des Wissens zu verstehen, sind zwei Aspekte hilfreich zu berücksichtigen: das Unbewusste und die Unvollkommenheit von Kommunikation und Sprache. Viele Handlungen werden unbewusst ausgeführt. Unsere psychomotorischen Fähigkeiten ermöglichen es, die Konzentrationsfähigkeit auf eine bestimmte Aufgabe zu lenken, ohne dass den unbewusst ablaufenden Prozessen Beachtung geschenkt werden muss. Beispielsweise bewirkt dieser Umstand, dass wir uns beim Autofahren auf die Verkehrslage konzentrieren können, weil wir Vorgänge wie Schalten, den Blinker setzen usw. so verinnerlicht haben, dass diese nahezu automatisch von uns ausgeführt werden. Polanyi selbst führt als Beispiel einen talentierten Schwimmer an. Erfolgreiche Schwimmer halten unbewusst immer genügend Luft in den Lungen, wodurch ihr Auftrieb verbessert wird. Will er dieses Wissen an einen anderen ungeübten Schwimmer weitergeben, muss er sich dieser Tatsache erst im vollen Umfang bewusst werden. Ein anderes gutes Beispiel hierfür ist das Fahrradfahren. Man kann es Kindern so genau und detailliert beschreiben wie nur möglich und dennoch werden die ersten Fahrversuche in Stürzen und Tränen enden.

Der zweite Faktor, der es schwer oder unmöglich macht, implizites Wissen auszudrücken, ist die Unzulänglichkeit von Sprache und anderen Formen der Kommunikation. Es kommt häufig vor, dass jemand versucht einen Sachverhalt zu erklären, aber nicht weiß, wie er diesen ausdrücken soll. Deswegen greift man in solchen Situationen häufig auf das Demonstrieren des Sachverhaltes zurück. Durch das Agieren der Person fällt es ihr leichter, sich an das Wissen zu erinnern bzw. sich dessen bewusst zu werden. Allerdings wird die andere Person aus den Aktionen nicht immer die richtigen Schlüsse ziehen bzw. die

Aktionen anders interpretieren, als es der Agierende gewollt hat, so dass auch über diese Art der Kommunikation kein vollständiger Wissenstransfer stattfinden kann.

2.3   Wissen und der Grad der Implizität

Aber Wissen ist nicht gleich Wissen und nicht jeder Wissensbestand ist durch den gleichen Grad an Implizität gekennzeichnet. Einen ersten Eindruck bezüglich der Frage, welches Wissen besonders hohe Anteile an impliziten Wissensbestandteilen enthält, liefert Tab. 2.2.[1]

Know-what repräsentiert einfaches Faktenwissen, wie z. B., dass die Hauptstadt von Deutschland Berlin ist. Diese Art Wissen ist leicht kodifizierbar, also in Informationen umwandelbar. Damit diese Informationen jedoch für ein Individuum nützlich werden können, müssen sie erst von ihm absorbiert und in Wissen umgewandelt werden. Das schließt ein, dass es die benötigten Informationen erst einmal finden, zwischen relevanten und irrelevanten unterscheiden, diese richtig interpretieren und ihre Validität und Reliabilität bewerten kann (vgl. Johnson et al. 2002. S. 251 f.).

Know-why bezieht sich auf Wissen über Prinzipien, Gesetzmäßigkeiten und Theorien, die in der Natur, für den Menschen und die Gesellschaft gelten. Aufgrund dieses Wissens können Individuen Situationen einschätzen und Zusammenhänge erkennen. Besonders in technologischen und naturwissenschaftlichen Bereichen ist *know-why* von großer Bedeutung, da es die Grundlage für die Entwicklung von neuem Wissen ist und hilft, Fehler zu vermeiden. *Know-why* ist generell relativ leicht kodifizierbar, aber es gibt bestimmte Bestandteile dieses Wissens, bei denen persönliche Erfahrungen nötig sind (d. h. implizites Wissen), was eine vollständige Kodifizierung unmöglich macht und den Kodifizierungsvorgang erschwert (vgl. Maier et al. 2006, S. 112).

Know-how spielt auf Fähigkeiten, Können und Qualifikation von Individuen an. Es beschreibt die Fähigkeiten eines Handwerks, eines Künstlers, aber auch Fähigkeiten aus den Bereichen der Geschäftswelt oder Wissenschaft. *Know-how* muss sich nicht immer rein auf die Praxis beziehen, denn auch die Lösung von komplexen mathematischen Problemen erfordert viel *know-how*. Entsprechend spielt das *know-how* bei Innovationsaktivitäten, die sich häufig als die Lösung von Problemen darstellen, eine wichtige Rolle. *Know-how* ist weiterhin durch große Bestandteile impliziten Wissens gekennzeichnet und kann entsprechend nur schwer und in weiten Teilen gar nicht kodifiziert werden. Primär erfolgt die Aneignung über das wiederholte Durchführen von bestimmten Tätigkeiten, also durch *learning-by-doing*. Die Anwendung dieser Fähigkeiten ist mit einer Problemlösungskompetenz verbunden, denn *know-how* tritt erst bei der Konfrontation mit einem bestimmten Problem zu Tage und wird dann kontextspezifisch angewendet. Dabei gilt, dass mit der Komplexität der Problemstellung auch das benötigte *know-how* steigt.

---

[1] Die Kategorien gelten für die individuelle Ebene. Auf Ebene von Organisation sind die entsprechenden Kategorien: shared information database, shared model of interpretation, shared routines und shared networks (vgl. Johnson et al. 2002, S. 250).

Tab. 2.2 Wissensarten (Quelle: Eigene Darstellung nach Maier et al. (2006) aufbauend auf Johnson und Lundvall (1994))

Wissensart	Informationen	Inhalte
Hoher Anteil an explizitem Wissen	Know-what	Information oder Wissen über Tatsachen
	Know-why	Wissen über wissenschaftliche Prinzipien und Theorien
Hoher Anteil an impliziten Wissen	Know-how	Qualifikation/praktische Fähigkeit, bestimmte Aufgaben zu lösen
	Know-who	Wissen, wer was weiß bzw. tun kann (z. B. Fachleute)

Know-who beinhaltet Wissen darüber „wer was weiß und wer weiß, wie es geht". Damit ist mit *know-who* eine Sozialkompetenz verbunden, also die Fähigkeit, mit anderen zu kommunizieren, sie in Sozialgefüge einordnen zu können, Vertrauen herauszubilden und mit anderen Personen zu kooperieren. Individuen mit starkem *know-who* werden auch als „Netzwerker" bezeichnet und nehmen in sozialen Netzwerken zentrale Positionen ein (mehr dazu im Abschn. 3.8). Auf Grund der großen sozialen Komponente und seiner Kontextabhängigkeit kann dieses Wissen kaum explizit gemacht werden und ist daher schwer zu kodifizieren.

Entsprechend der obigen Diskussion sind gerade *know-how* und *know-who* durch große Anteile impliziten Wissens gekennzeichnet. Eine Weitergabe dieses Wissens an andere Personen ist nicht einfach und erfordert im Regelfall persönlichen Kontakt. Der Erfolg und die Effizienz der Wissensweitergabe wird durch die Wissensweitergabekompetenz (d. h. Fähigkeit zum Lehren) des Wissensträgers und der absorptiven Kapazität des Lehrenden beeinflusst. Im Gegensatz dazu sind *know-what* und *know-why* leichter zu kodifzieren.

2.4 Definition von Innovation und verschiedene Arten von Innovationen

Leider gibt es für den Begriff „Innovation" bisher noch keine allgemeingültige Definition, jedoch zeichnen sich die meisten gängigen Definitionen in der wirtschaftswissenschaftlichen Literatur dadurch aus, dass eine Innovation durch folgende Merkmale gekennzeichnet ist (nach Springer Gabler Verlag 2015):

- Neuheit oder (Er-)Neuerung eines Objekts oder einer sozialen Handlungsweise, mind. für das betrachtete System und
- Veränderung bzw. Wechsel durch die Innovation in und durch die Unternehmung, d. h. Innovation muss entdeckt/erfunden, eingeführt, genutzt, angewandt und institutionalisiert werden.

Im Kontext des Buches bezieht sich die (Er-)Neuerung eines Objekts primär auf sogenannte Produktinnovationen, die entweder bei End- oder Zwischenprodukten realisiert werden. Beispielhaft sei hier ein neues Smartphone genannt. Im Gegensatz dazu werden (Er-)Neuerungen von (sozialen) Handlungsweisen häufig mit Prozessinnovationen gleichgesetzt. Dabei kann es sich zum Beispiel um eine Ablaufoptimierung durch eine Umstrukturierung des Managements in einem Unternehmen handeln. Interessanterweise kann es sogar passieren, dass die Prozessinnovation eines Unternehmens eine Produktinnovation eines anderen darstellt. Exemplarisch sei hier eine neue verbesserte Version der bekannten Unternehmenssoftware SAP ERP genannt. Für die Herstellerfirma der Software, SAP, stellt die neue Version eine Produktinnovation dar. Für den Anwender, bei dem die Software zu veränderten Arbeitsabläufen führt, ist sie jedoch eine Prozessinnovation.

Von entscheidender Bedeutung ist es, dass Innovationen im Regelfall auf neuem Wissen basieren. Bei einer Innovation wird etwas Altes verändert bzw. etwas auf eine neuartige Art und Weise gemacht. Damit daraus eine echte Innovation wird, die ökonomisch verwertbar ist (nur solche stehen im Fokus der Wissens- und Innovationsgeografie), muss der Vorgang der Erschaffung der Neuheit replizierbar sein (d. h. nicht einfach nur auf Zufall basieren). Das geht nur, wenn der Innovator die Neuheit und ihre Eigenschaften versteht. In anderen Worten, der Innovator muss Wissen um und über die Neuheit haben. Damit basiert eine Innovation auf neuem Wissen bzw. sind Innovationen neues Wissen.

In den meisten Fällen entsteht neues Wissen und damit auch Innovationen nicht einfach so, sondern sie sind das Ergebnis von gezielten und ressourcenintensiven Aktivitäten. Dazu ist mindestens ein kreatives Individuums nötig, welches verschiedene bestehende Wissenssegmente[2] auf neuartige Weise (re-)kombiniert und damit Neuheit schafft. In vielen Fällen ist es aber nicht nur die damit verbundene Arbeitszeit des Individuums, die für die Wissensgenerierung vonnöten ist, sondern es fallen im Regelfall weitere Kosten in Form von Arbeitsstunden hoch qualifizierter Helfer, Materialien, Forschungsausrüstungen und -geräten etc. an. So gab Deutschland allein im Jahr 2009 mehr als 84 Mrd. US-$ für F&E-Aktivitäten aus (DFG 2012).

Wie Schumpeter (1934) schon ausführte, ist es manchmal hilfreich, Innovationen von Inventionen abzugrenzen. Eine Invention bezieht sich auf die reine Erfindung, wohingegen eine Innovation auf die Markteinführung abzielt. Dennoch wird landläufig auf diese Differenzierung verzichtet und allgemein von Innovationen gesprochen. Auch hier schließt sich das Buch dem allgemeinen Sprachgebrauch an.

Ebenfalls oft anzutreffen ist die Unterscheidung zwischen inkrementellen und radikalen Innovationen. Freeman (1992) beschreibt inkrementelle Innovationen als kontinuierliche Verbesserungen existierender technologischer Systeme (z. B. die Verringerung der benötigten Prozessorleistung durch ein Softwareprogramm). Im Gegensatz dazu stellen radikale Innovationen diskontinuierliche Prozesse dar. Das heißt, sie verändern die Eigenschaften von Objekten und Prozessen so gravierend, dass es kaum möglich ist, sie mit

---

[2] Der Begriff „Wissenssegment": steht synonym für Fachgebiete/Technologien/wissenschaftliche Disziplinen/einzelne Wissensblöcke, etc.

anderen Objekten oder Prozessen, die vorher existiert haben, zu vergleichen (z. B. die Einführung des ersten Smartphones). Natürlich sind die Übergänge zwischen radikalen und inkrementellen Innovation fließend und die beiden Begriffe stellen eher die zwei Enden eines Kontinuums dar. Mehr noch, häufig liegt der Grad der Radikalität einer Innovation im Auge des Betrachters. So mag die Verringerung der benötigten Prozessorleistung durch eine Software für einen Softwareingenieur eine radikale Weiterentwicklung darstellen, wohingegen der Softwarenutzer die Veränderung vielleicht nicht einmal bemerkt.

2.5 Innovationen und Wissenstransfers

Die traditionelle Innovationsforschung hat Innovationen primär als Ergebnis wissenschaftlicher F&E-Leistung angesehen. Damit verbunden war die Vorstellung eines linearen Innovationsmodells (siehe Abb. 2.1). Entsprechend steht am Anfang die Grundlagenforschung. Deren Ergebnisse werden im weiteren Innovationsprozess immer anwendungsorientierter weiterentwickelt, bis sie als Innovation am Markt in Erscheinung treten.

Heutzutage erscheinen Innovationen aber verstärkt als Neuerung von Dienstleistungen, Arbeitsweisen, Prozessen, Vertriebs- oder Interaktionsformen. Mehr noch, Innovationen werden grundsätzlich eher als Rekombinationen bereits vorhandener Wissenssegmente angesehen. Das heißt, viele Innovationen sind in ihren Einzelteilen nicht neu. Heidenreich (1997) beschreibt daher Innovieren wie folgt:

> „Eine zentrale Voraussetzung für Innovationen ist die Neu- und Rekombination vorhandener technischer Wissensbestände. Hierbei sind unter technischem Wissen nicht nur die expliziten, systematisierten Kenntnisse wissenschaftlicher Disziplinen, sondern auch praktische, anwendungsbezogene und erfahrungsbasierte Fähigkeiten zu verstehen." (Heidenreich 1997, S. 177).

Innovationen bedeuten deshalb mehr und mehr, dass bei Rekombination von Wissenssegmenten Grenzen einzelner Technologien, Wissensgebiete und Fachdisziplinen überwunden werden. Das iPhone von Apple ist ein sehr gutes Beispiel hierfür. Bei seiner Einführung waren der Touchscreen und das Mobiltelefon bereits bekannt. Selbst eine

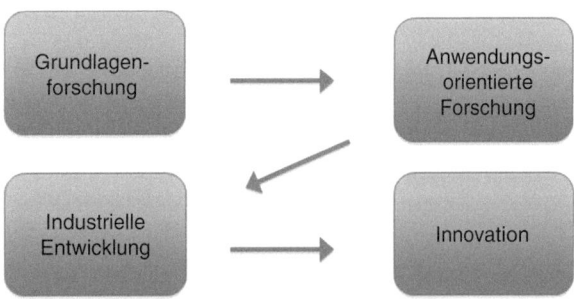

Abb. 2.1 Lineares Innovationsmodell

Verbindung der beiden Komponenten hat es schon 1992 in Form des SIMON von IBM gegeben. Das, was das iPhone zu einer radikalen Innovation gemacht hat, war die Verbindung von relativer technischer Neuheit (Touchscreen und Mobiltelefon) und der radikal verbesserten Nutzerfreundlichkeit der Bedienung (Bandbreite an Nutzungsmöglichkeiten sowie Einfachheit der Nutzung). In anderen Worten, es war das Zusammenspiel von Hardware und Software, das die Innovation ermöglichte. Das unterstreicht, dass Innovationen als kreative Neukombinationen von vorhandenen Wissenssegmenten verstanden werden können, wobei die Wissenssegmente tendenziell aus unterschiedlichen Wissensbereichen kommen. Dabei ist es häufig der Fall, dass kognitive Lernbarrieren (Andersartigkeit des Wissens) überwunden werden müssen. Hierdurch müssen Organisationen den Aufbau von Kompetenzen forcieren, die zur Absorption, Organisation und (Re-)Kombination von unterschiedlichem Wissen, Fähigkeiten und Ressourcen beitragen (siehe auch Abschn. 5.2). Damit ist auch ein Rückgang der strikten Arbeitsteilung zwischen Forschung und Anwendung verbunden (vgl. Gibbons et al. 1994).

Die gestiegene Heterogenität des Wissens, das zum Innovieren nötig ist, bedeutet im Regelfall aber auch, dass nicht mehr eine einzelne Organisation über alle nötigen Fähigkeiten und Wissenssegmente verfügt, die zur Innovationsrealisierung notwendig sind (Gibbons et al. 1994). So stammen viele Anregungen für Produkt- und Prozessinnovationen von Kunden, Konkurrenten, Abnehmern, sowie von Hochschulen und Forschungsinstituten (Faulker 1994; Heinemann et al. 1995). Damit verliert nicht nur das lineare Innovationsmodell an Aussagekraft, sondern es wird die Fähigkeit, von Quellen außerhalb des Unternehmens Wissen zu absorbieren, zu einem entscheidenden Faktor für den Innovationserfolg und damit für das langfristige ökonomische Überleben von Unternehmen. Außerhalb des Unternehmens heißt, dass andere Organisationen über das benötigte Wissen verfügen. In vielen Fällen sind diese nicht gleich im Nachbargebäude untergebracht, sondern verstreut im geographischen Raum verortet. Die Absorption von unternehmensexternem Wissen geht aus diesem Grund mit räumlichen Wissenstransfers einher, so dass sich der Innovationsprozess immer mehr als kreative Zusammenführung von komplementären, aber räumlich verteilten Wissenssegmenten darstellt. Dieser Trend wird auch in Zukunft durch die weiter zunehmende Spezialisierung und Ausdifferenzierung wirtschaftlicher Aktivitäten und der damit steigenden räumliche Verteilung von Wissenssegmenten fortschreiten.

> „With the universe of knowledge ever expanding, researchers need to specialise to continue contributing to state of the art knowledge production" (Hoekman et al. 2009, S. 723).

Eine Studie von Wagner-Doebler (2001) untermauert die Dynamik dieses Trends. Die Autoren zeigen, dass nur ca. zehn Prozent der wissenschaftlichen Publikationen am Anfang des 20. Jahrhunderts von mehreren Autoren geschrieben worden sind. Heute sind es dagegen fast 50 Prozent. Ähnliche Beobachtungen wurden auch für Patente, gemacht, bei denen die Zahl der Patente, an denen mehrere Erfindern gearbeitet haben, kontinuierlich über die letzten zwanzig Jahre gestiegen ist (Fleming und Frenken 2007).

Aus diesen Ausführungen folgt, dass Wissenstransfer und Innovationen zusammengehören. Damit ist das Verstehen von Innovationen unmittelbar an das Verständnis des Wissenstransfers gebunden. Weiterhin beeinflusst die Intensität von räumlichen Wissenstransfers nicht nur die räumliche Verteilung des Wissens, sondern auch die räumliche Verteilung der Wissensgenerierung und von Innovationen.

> **Resümee**
>
> In diesem Kapitel wurden die Grundbegrifflichkeiten in Bezug auf Wissen und Innovationen vorgestellt. Für beide wurden verschiedene Arten eingeführt, deren Differenzierung verdeutlicht, dass weder Innovationen noch Wissen homogene Konstrukte sind, sondern übergeordnete Kategorien für verschiedene Unterarten repräsentieren.
>
> Es wurde auch gezeigt, dass insbesondere dem impliziten Wissen und dem sogenannten *know-how* eine wichtige Rolle zukommt, da diese gerade für technologischökonomische Innovationen von zentraler Bedeutung sind. Weiterhin wurde die Beziehung zwischen Innovationen und Wissenstransfers diskutiert. Es wurde deutlich gemacht, dass Wissenstransfers in vielen Fällen die Grundvoraussetzung für Innovationen sind. Somit hilft das Studium von Wissenstransfers, die räumliche Ungleichverteilung von Wissen und Innovationen zu verstehen.

> **Kontroll- und Lernfragen**
> - Wie kann Wissen definiert werden und wie grenzt es sich von Daten und Informationen ab?
> - Warum ist eine Unterscheidung zwischen implizitem und explizitem Wissen relevant?
> - Was sind Innovationen und welche Arten von Innovationen gibt es?
> - Wie hängen Wissenstransfer und Innovationen zusammen?

Literatur

Cohen, W. M., & Levinthal, D. A. (1990). Absorptive capacity: A new perspective on learning and innovation. *Administrative Science Quarterly, 35*(1), 128–152.

Davenport, T., De Long, D., & Beers, M. (1998). Successful knowledge management projects. *Sloan Management Review, 39*(2), 42–57.

David, P. A., & Foray, D. (2003). Economic fundamentals of the knowledge society. *Policy Futures in Education, 1*(1), 20–49.

DFG. (2012). *Förderatlas 2012. Deutsche Forschungsgemeinschaft*. Bonn: WILEY-VCH Verlag GmbH & Co. KGaA, Weinheim.

Faulker, W. (1994). Conceptualizing knowledge used in innovation: A second look at the science-technology distinction and industrial innovation. *Science, Technology & Human Values, 19*(4), 425–458.

Fleming, L., & Frenken, K. (2007). The evolution of inventor networks in the Silicon Valley and Boston regions. *Advances in Complex Systems, 10*(1), 53–71.

Freeman, C. (1992). *The economics of hope*. London/New York. New York: Pinter Publishers.

Gibbons, M., et al. (1994). *The new production of knowledge. The dynamics of science and research in contemporary socities*. London: Sage.

Heidenreich, M. (1997). Zwischen Innovation und Institutionalisierung. Die soziale Strukturierung technischen Wissens. In B. Blättel-Mink & O. Renn (Hrsg.), *Zwischen Akteur und System. Die Organisierung von Innovation* (S. 177–206). Opladen: Westdeutscher Verlag.

Heinemann, F., Kukuk, M., & Westerheide, P. (1995). Das Innovationsverhalten der Baden-Württembergischen Unternehmen. Eine Auswertung der ZEW/infas-Innovationserhebung 1993. *ZEW-Dokumentation*, Nr. 95–05, 1–45.

Hoekman, J., Frenken, K., & Oort, F. (2009). The geography of collaborative knowledge production in Europe. *The Annals of Regional Science, 43*(3), 721–738.

Johnson, B., Lorenz, E., & Lundvall, B.-A. (2002). Why all this fuss about codified and tacit knowledge? *Industrial and Corporate Change, 11*(2), 245–262.

Lundvall, B. A., & Johnson, B. (1994). The Learning Economy. Journal of Industry Studies, 1(2), 23–42.

Maier, G., Tödling, F., & Trippl, M. (2006). *Regional- und Stadtökonomik 2. Regionalentwicklung und Regionalpolitik,* (3. Aufl.). Wien/New York: Springer.

Polanyi, M. (1966). *Implizites Wissen*. Garden City: Doubledy & Company.

Schätzl, L. (2003/2000/1994). *Wirtschaftsgeographie 1. Theorie,* (9. Aufl.)./2. Empirie (3. Aufl.)/3. Politik (3. Aufl.). Paderborn/München/Wien: Schöningh.

Schumpeter, J. (1934). *Theorie der wirtschaftlichen Entwicklung*. Berlin: Duncker & Humblot.

Springer Gabler Verlag (Hrsg.). (2015). Gabler Wirtschaftslexikon, Stichwort: Innovation. http://wirtschaftslexikon.gabler.de/Archiv/54588/innovation-v9.html.

Wagner-Doebler, R. (2001). Continuity and discontinuity of collaboration behaviour since 1800 – from a bibliometric point of view. *Scientometrics, 52*(3), 503–517.

Wissenstransfer im Raum 3

> **Zusammenfassung** Möglichkeiten, wie Wissen zwischen Organisationen und damit zwischen Orten transferiert werden kann, werden in diesem Kapitel ausführlich diskutiert. Es werden dabei die wichtigsten Arten der Wissenstransfermöglichkeiten vorgestellt und erörtert, inwieweit diese durch räumliche Entfernung zwischen den beteiligten Organisationen beeinflusst werden. Weiterhin führt das Kapitel in das Thema der interorganisationalen Wissensnetzwerke ein.

Lernziele

- Kennenlernen des Konzepts des interorganisationalen Wissenstransfers sowie der verschiedenen Arten der Transfermechanismen
- Verständnis für die Beziehungen zwischen Wissenstransferarten und der räumlichen Entfernung zwischen beteiligten Organisationen
- Kenntnis über die Dimension der räumlichen Mobilität von Individuen
- Wissen um die Idee der Wissensnetzwerke sowie Kenntnis grundlegender Konzepte der Analyse von Wissensnetzwerken

3.1 Wissenstransfer

Die Frage, wie Wissen, implizit, explizit, oder als eine Mischung aus beidem, im geographischen Raum diffundieren kann, nimmt eine zentrale Stellung in der Wissens- und Innovationsgeografie ein. Im Vordergrund steht dabei der sogenannte interorganisationale Wissenstransfer. Unter interorganisationalem Wissenstransfer wird im Folgenden die Aneignung (Lernen) von Wissen durch eine Organisation verstanden, bei der das erlernte

Wissen außerhalb der eigenen, aber innerhalb der organisationalen Grenzen einer anderen Organisation gespeichert war (kodifiziert, in Personen oder in Artefakten gebunden). Weiterhin zählt auch der Fall dazu, dass eine Organisation eine helfende Rolle einnimmt, wenn eine andere Organisation sich Wissen aneignet, so zum Beispiel, wenn sie eine bestimmte Expertise offeriert, die notwendig ist, damit eine andere Organisation sich Wissen aneignen kann.

Vom interorganisationalen Wissenstransfer kann man den interpersonellen Wissenstransfer abgrenzen, bei dem es um den Wissensaustausch zwischen zwei oder mehreren Individuen geht. Natürlich beinhaltet jeder interorganisationale Wissenstransfer mindestens einen interpersonellen Wissensaustausch, da Wissen letztendlich nur von Individuen absorbiert werden kann (siehe Abschn. 2.1). Allerdings gibt es viele interpersonelle Wissenstransfers, die für die Wissens- und Innovationsgeografie von geringerer Relevanz sind. So liegt der Fokus dieses Themengebietes auf dem Verhalten ganzer Organisationen und weniger auf dem Verhalten einzelner Individuen. Auch ist in vielen Fällen der interorganisationale Wissenstransfer dadurch gekennzeichnet, dass die beteiligten Organisationen oft durch mehrere Personen vertreten werden bzw. der Wissenstransfer über den isolierten Austausch zwischen zwei Individuen hinausgeht. So genügt es zum Beispiel nicht, wenn der leitende Ingenieur ein neues Produktionsverfahren kennenlernt, dieses Wissen dann aber nicht an sein Team und die Produktionsabteilung weitergibt. Damit das neue Wissen wirtschaftlich relevant zur Anwendung kommt und zur Entstehung neuen Wissens beitragen kann, muss das Wissen durch mehrere Mitarbeiter einer Organisation absorbiert werden, bevor es wirklich zur Anwendung kommt. Aus diesem Grund geht mit interorganisationalen Wissenstransfers in aller Regel auch innerorganisationaler Wissenstransfer einher. Der innerorganisationale Wissenstransfer wird im Rahmen der Wissens- und Innovationsgeografie allerdings kaum betrachtet.

Weiterhin bedeutet die obige Definition, dass nicht immer nur neues (externes) Wissen durch eine Organisation erlernt wird, sondern auch, dass sie durch die Beteiligung einer anderen Organisation lernen kann, wie mit ihrem bereits vorhandenen Wissen effizienter umgegangen werden kann. Szulanski (2002) führt diesbezüglich an:

> „… knowledge transfer should be regarded as a process of reconstruction rather than a mere act of transmission and reception" (S. 23).

Damit wird deutlich, dass jeder Zuwachs von Wissen in einer Organisation auch mit einer Umstrukturierung des vorhandenen Wissens einhergeht.

Im Fokus der Wissens- und Innovationsgeografie wird interorganisationaler Wissenstransfer als räumlicher Wissenstransfer verstanden, da zwei Organisationen im Regelfall auch räumlich voneinander getrennt sind. In diesem Zusammenhang interessiert sich die Wissens- und Innovationsgeografie insbesondere dafür, welche Rolle die geographische Entfernung zwischen Organisationen auf die Wahrscheinlichkeit und die Effizienz des interorganisationalen und damit räumlichen Wissenstransfers spielt. Allerdings hängt diese Rolle von der Art ab, wie Wissen von einer Organisation zu einer anderen transferiert wird. Diesbezüglich werden im Folgenden die sechs wichtigsten Wissenstransferarten vorgestellt und diskutiert.

- Absorption von explizitem, kodifiziertem Wissen
- Lernen durch Beobachten
- Informelle Interaktionen von Mitarbeitern zweier Organisationen
- Räumliche Mobilität von Wissensträgern
- Praktikanten, Absolventen, Doktoranden
- Kooperationen

Natürlich gibt es weitere Mechanismen und im Regelfall beinhaltet das Erlernen von Wissen eine Kombination mehrerer dieser Transfermechanismen. Aus didaktischen Gründen erfolgt hier aber eine Einschränkung auf die wichtigsten Mechanismen, die weiterhin isoliert voneinander diskutiert werden.

3.2 Absorption von explizitem, kodifiziertem Wissen

Diese Art des Wissenstransfers beinhaltet die Interaktion zwischen einer Organisation und einem sogenannten „Artefakt", auf dem das Wissen als Information gespeichert ist. Die Organisation hat direkten Zugang zum Artefakt und die entsprechende absorptive Kapazität, um die auf dem Artefakt gespeicherten Informationen in Wissen umzuwandeln. Ein einfaches Beispiel für diesen Wissenstransfer ist das Lesen eines Lehrbuches. Allerdings sei hier angeführt, dass Wissen auch in anderen Artefakten als in Büchern kodifiziert sein kann, zum Beispiel in einem Messer. Wenn das Messer dem Nutzer unbekannt ist, dann kann er dennoch häufig aus den Eigenschaften des Artefakts auf dessen Anwendungsmöglichkeiten schließen. In diesem Sinne ist das ursprüngliche Wissen des Produzenten des Artefakts indirekt über das Artefakt übermittelt worden und die Produktion des Artefakts stellt in einem gewissen Sinne eine Kodifizierung dar. Die Diskussion bezüglich der Vermittlung von Wissen über das Niederschreiben, d. h. die klassische Kodifizierung, kann somit *mutatis mutandis* auf die Übermittlung via Artefakt übertragen werden (vgl. Witt et al. 2012).

Ein weiteres prominentes Beispiel für den Wissenstransfer über die Produktion eines Artefakts ist das sogenannte Reverse-Engineering. Reverse-Engineering bedeutet, dass Firmen die Produkte ihrer Konkurrenten in alle Einzelteile zerlegen und so „lernen", wie das Produkt und seine Komponenten hergestellt worden sind. Dazu bedarf es natürlich einer hinreichenden absorptiven Kapazität (die Fähigkeit des Reverse-Engineering), um das Wissen des Konkurrenten, das in Form des Produktes (z. B. das Messer) „kodifiziert" worden ist, zu erlernen. Entsprechend kann Reverse-Engineering als eine Art des „Lesens" aufgefasst werden. Im Folgenden konzentrieren sich die Ausführungen auf die „klassische" Wissenskodifizierung in Form des Niederschreibens. Die präsentierten Argumente gelten grundsätzlich aber zu unterschiedlichen Graden auch für den Wissenstransfer durch die Artefaktproduktion.

Die Kodifizierung bietet eine ganze Reihe von Vorteilen, die im Folgenden kurz aufgeführt sind.

- Verringerung der Raumüberwindungskosten: Dank der sich schnell entwickelnden Informations- und Kommunikationstechnologie kann Wissen, sobald es kodifiziert (und digitalisiert) ist (d. h. als Informationen vorliegt), im Prinzip virtuell von jedem Ort der Welt (mit Zugang zum Internet) sofort abgerufen werden, und zwar im Regelfall zu vernachlässigbaren Kosten. Mit der Kodifizierung und der Speicherung auf einem Medium ist das Wissen auch personenunabhängig transportierbar und kann mehreren Personen gleichzeitig zugänglich gemacht werden, da Wissensspeichermedien (z. B. Bücher) einfach kopiert und vervielfältigt werden können (Cowan und Foray 1997; Balconi 2002; Lissoni 2001).[1]
- Wissensspeicherung: Ein weiterer Vorteil der Kodifizierung ist die Möglichkeit, das Wissen über lange Zeit unabhängig von menschlichen Wissensträgern zu speichern.
- Verdeutlichung: Der Vorgang der Wissenskodifizierung hilft häufig dabei, Sachverhalte besser zu verstehen und sie verständlicher zu strukturieren, als wenn sie in nichtkodifizierter Form, z. B. in einem spontanen, unstrukturierten Vortrag, an ein anderes Individuum weitergegeben werden würden. Yore et al. (2004) führen an, dass Kodifizierung Ideen klarer macht und dabei hilft, Fehler in logischen Schlussfolgerungen, Behauptungen und Belegen aufzudecken (S. 364). In vielen Fällen wird Wissen durch Kodifizierung erst beherrschbar (Roberts 2001).
- Auslösendes Ereignis: Das Niederschreiben von Wissen wirkt ebenfalls stimulierend auf die Kreativität und ist damit hilfreich für die Entwicklung von neuem Wissen. Durch die Strukturierung des Bekannten werden Lücken und Ungereimtheiten ersichtlich, die dann durch neu entwickeltes Wissen gefüllt bzw. beseitigt werden können (Roberts 2001).

Kodifizierung ist aber immer mit Aufwand und Kosten verbunden. Selbst einfache Texte entstehen nicht von alleine, sondern müssen durch den Wissensträger erst erschaffen werden. Die Höhe des Aufwandes und die der damit verbundenen Kosten hängt dabei unter anderem von der Komplexität des Wissens ab. So kann einfaches Wissen relativ schnell und ohne großen Aufwand kodifiziert werden. Komplexeres Wissen, das viele verschiedene Variablen und Dimensionen berührt, kann dagegen häufig nur mit großem Aufwand kodifiziert werden (Balconi 2002).

Eine hohe Wissenskomplexität geht ebenfalls in vielen Fällen mit einem hohen impliziten Wissensbestandteil einher. Grundsätzlich besteht alles Wissen immer zu einem Teil aus implizitem und zu einem Teil aus explizitem Wissen. Der implizite Wissensbestandteil kann nicht kodifiziert werden und stellt damit immer einen Wissensverlust bei dieser Art

---

[1] Natürlich kann ein Individuum sein Wissen in Form eines Vortrages gleichzeitig einer großen Gruppe von anderen Individuen zugänglich machen. Allerdings ist sowohl die maximale Gruppengröße als auch die Effizienz dieser Art des Wissenstransfers stark begrenzt.

des Wissenstransfers dar. Die Höhe des impliziten Teils hängt dabei nicht nur von der Komplexität des Wissens ab, sondern auch von der Art des Wissens, wie in Abschn. 2.3 dargestellt wurde.

3.3 Lernen durch Beobachten

Lernen durch Beobachten bezieht sich auf den Fall, dass eine Organisation die Tätigkeiten der anderen Organisation beobachtet und sich dadurch deren Wissen aneignet. In der heutigen Zeit bezieht sich dieses weniger auf das visuelle Beobachten, sondern eher auf das Ausspionieren anderer Organisationen über das Internet mittels Hacking. Allerdings bedeutet dieses in den meisten Fällen einen Wissenstransfer über Kodifizierung, da sich das Hacking oft auf das Kopieren von Dokumenten und weniger auf das Beobachten von Aktivitäten bezieht. Der Grund dafür ist auch, dass es nicht viele wirtschaftlich relevante Dinge gibt, die sich durch einfaches Beobachten erlernen lassen. Deshalb hat diese Art des Wissenstransfers eine vergleichsweise geringe Bedeutung.[2]

Lernen durch Beobachten profitierte in der Vergangenheit eindeutig von räumlicher Nähe zwischen Wissensträger und Lernendem. Bis vor wenigen Jahren fiel es Organisationen eindeutig leichter, eine andere Organisation zu beobachten, wenn diese nicht weit weg und ein direktes Zusehen möglich war. Das Fernsehen, die Videoaufzeichnung, Videotelefonie oder anderer Formen der virtuellen Übertragung von Bild und Ton haben aber neue Möglichkeiten geschaffen, Lernen-durch-Beobachten auch relativ unabhängig von der räumlichen (und zeitlichen) Entfernung zu ermöglichen. Entsprechend ist die Distanzsensibilität dieser Form des Wissenstransfers in den letzten Jahren erheblich gesunken.

3.4 Informelle Wissenstransfers

Informelle Wissenstransfers beschreiben die Fälle, dass sich Mitarbeiter unterschiedlicher Organisationen außerhalb der Kontrolle ihrer Organisationen treffen oder miteinander kommunizieren. Dabei können sie sich über den Inhalt ihrer Arbeit austauschen und technologisch-ökonomisch relevantes Wissen von einer Organisation auf die nächste übertragen.

Häufig formen Mitarbeiter und Fachexperten unterschiedlicher Organisationen informelle Gruppen, um Zugang zu Wissen zu erhalten, das innerhalb ihrer Organisationen nicht verfügbar ist und für das die Organisation (aus verschiedenen Gründen) keine formellen Wissenstransferbeziehungen eingeht (eine Diskussion dazu findet sich in Schrader 1991). Diese Beziehungen können existieren, ohne dass die Organisation davon weiß; sie

---

[2] Zu einem gewissen Grad gehört auch die Cyberspionage zu dieser Art des Wissenstransfers. Allerdings wird hierbei im Regelfall primär kodifiziertes Wissen einer Organisation geraubt (Dokumente, Blaupausen etc.). Entsprechend ist diese Form des Lernens eher dem Wissenstransfer „Absorption von explizitem, kodifiziertem Wissen" zuzuordnen.

können von ihr toleriert werden oder durch sie gefördert werden. Zum letzteren Fall gehören zum Beispiel die Teilnahme von Mitarbeitern an Messen und Ausstellungen, die auch genutzt werden, um Kontakte zu Mitarbeitern anderer Organisationen aufzubauen.

Diese Art des Wissenstransfers basiert im Regelfall auf sozialen Beziehungen, die sich zwischen Mitarbeitern verschiedener Organisationen über die Zeit entwickelt haben. So können die Mitarbeiter früher für die gleiche Organisation gearbeitet oder aber zusammen gelernt bzw. studiert haben. Während diese Art der Wissenstransfers dazu dienen kann, dass dringend benötigtes Wissen einer Organisation zufließt, unterliegen solche Wissensaustauschbeziehungen nur selten der Kontrolle der Organisation. Das heißt, sie stellen auch eine große Gefahr des ungewollten und fallweise schädlichen Wissensabflusses dar. Deshalb treffen viele Organisationen (insbesondere Technologiefirmen) strenge Vorkehrungen, um solche Wissenstransfers so unwahrscheinlich wie möglich zu machen. Ein bekanntes Beispiel stellt die Firma Apple dar, die ihre Mitarbeiter rigoros überwacht und den Umgang der Mitarbeiter mit dem Wissen der Organisation strengsten Sicherheitsvorkehrungen unterliegen lässt. Allerdings klappt dies nicht immer, wie der Fall des iPhone 4 zeigt:

> So hat ein Apple-Mitarbeiter einen Prototypen der damals neuesten Generation des iPhones mit in eine Bar genommen, dort etwas über den Durst getrunken und den Prototypen dort vergessen. Ein anderer Bar-Besucher fand den Prototypen und verkaufte ihn für 5.000,- US-Dollar an eine auf Technik spezialisierte Blog-Webseite. Obwohl Apple umgehend die Herausgabe des Prototypen verlangte, nutzte die Webseite den Prototypen, um noch vor der Vorstellung der neuen iPhone-Generation Bilder davon ins Netz zu stellen und dafür entsprechende Aufmerksamkeit zu bekommen. Da das Vorgehen der Webseite strafrechtlich in Ordnung war, bemüht sich Apple seitdem noch mehr um Geheimhaltung (siehe Macwelt 2011).

Zwar kam es in diesem Fall zu keinem Kontakt zwischen zwei konkurrierenden Organisationen, aber das Beispiel zeigt deutlich die Problematik auf. Mitarbeiter verfügen in vielen Fällen über beträchtliches Wissen (z. B. im Kopf oder aber auch in Prototypen), das außerhalb ihrer Organisation aufgrund ihrer sozialen Kontakte der Kontrolle der Organisation entzogen ist und potenziell dadurch an andere Organisationen transferiert werden kann.

Organisationen, die sich dieser Gefahr bewusst sind, wenden erhebliche Mittel auf, um solche (primär ungewollten) Wissenstransfers zu verhindern. So ist trotz des obigen Zwischenfalls gerade die Firma Apple für ihre strenge Geheimhaltung in Bezug auf neue Produkte legendär. Sie transportiert neue Prototypen zum Beispiel nur in Privatjets und in möglichst unscheinbaren Verpackungen. Weiterhin werden gezielt Falschinformationen über aktuelle Entwicklungen und Produkte an die eigenen Mitarbeiter gestreut. Auch arbeiten häufig mehrere Entwicklerteams an den gleichen Produkten, ohne davon zu wissen (vgl. The Wire 2011).

Auch für diesen Mechanismus des Wissenstransfers kann eine förderliche Wirkung der geographischen Nähe auf die Wahrscheinlichkeit und die Effizienz des Wissenstransfers konstatiert werden. Die meisten sozialen Beziehungen existieren zwischen Individuen, die sich räumlich nahe sind. Auch nimmt die Wahrscheinlichkeit, dass sich zwei Arbeitnehmer bei einem gemeinsamen feierabendlichen Ereignis treffen und dort ungeplant Wissen austauschen, zu, je dichter die beiden beieinander wohnen. Sind sie Nachbarn, gibt es die einfache Möglichkeit des Gesprächs über den Gartenzaun hinweg. Wohnen sie zumindest im gleichen Viertel, ist ein Treffen in einem lokalen Restaurant deutlich wahrscheinlicher, als wenn sie in unterschiedlichen Stadtteilen wohnen würden. Bei Wohnorten in benachbarten Gemeinden sind zumindest zufällige Treffen bei größeren Ereignissen (Theater, Sommerfeste, etc.) nicht ausgeschlossen. Sind die Arbeitnehmer allerdings weit weg voneinander wohnhaft, ist diese Art des Wissenstransfers unwahrscheinlicher bzw. auf virtuelle Kommunikationskanäle beschränkt.

3.5 Räumliche Mobilität von Wissensträgern

In Bezug auf interorganisationale Wissenstransfers, die durch die Mobilität von Wissensträgern realisiert werden, ist der Arbeitsplatzwechsel die häufigste Form dieses Wissenstransfers. Während der Arbeit für eine Organisation absorbiert ein Mitarbeiter signifikante Wissenssegmente dieser Organisation. Dieses Wissen nimmt er bei einem Arbeitgeberwechsel mit und bringt es an seinem neuen Arbeitsplatz zur Anwendung. Weiterhin wird er dadurch (eine hinreichende absorptive Kapazität seiner neuen Kollegen vorausgesetzt) dieses Wissen an andere Mitarbeiter der neuen Organisation weitergeben. Im Regelfall kann ein Mitarbeiter (von bestimmten Kündigunsfristen einmal abgesehen) recht schnell und unkompliziert seinen Arbeitsplatz wechseln, was auch häufig vorkommt. Somit ist diese Form des Wissenstransfers ein recht regelmäßiges Ereignis. Wie ausgeführt wurde, ist gerade implizites Wissen an Personen gebunden und sein Transfer findet damit durch die interorganisationale Mobilität von Person statt. Entsprechend ist der Arbeitsplatzwechsel mit der wichtigste und primäre Wissenstransfermechanismus für die interorganisationale Diffusion von implizitem Wissen. Allerdings finden auch häufig Arbeitsplatzwechsel innerhalb der gleichen Organisation statt. In diesem Fall kommt es zwar zu einem räumlichen Wissenstransfer, nicht aber zu einem interorganisationalen.

Im Rahmen der Wissens- und Innovationsgeografie stellt sich damit die Frage, wie räumlich mobil sind Arbeitnehmer bzw. Individuen tatsächlich in der Realität?

Eine Studie von Schicht et al. (2014) versucht, diese Frage für die gesamte Menschheit über die letzten 2000 Jahre zu beantworten. Aufbauend auf Geburts- und Sterbedaten die in den Datenbanken *freebase.com, General Artist Lexicon und Getty Union List of Artists Names* zu den bedeutendsten Individuen der Menschheitsgeschichte hinterlegt sind, rekonstruieren die Autoren die Lebenszeitmobilität (Distanz zwischen Geburts- und Sterbeort) für über 150.000 Individuen über die letzten 2000 Jahre. Ihre Ergebnisse zeigen, dass sich die Regionen, die besonders anziehend für bedeutende Individuen waren, stark über die Zeit verändern. War es um Christus Geburt insbesondere Rom, das Künstler und Wissenschaftler aus aller Welt anzog, gewannen im Laufe der Zeit West-Europa mit den Metropolen Paris und London sowie die USA mit New York zunehmend an Bedeutung. In den letzten Jahren wurde dann die Westküste der USA zu einem starken Zuzugsgebiet. Ein anderes interessantes

Ergebnis der Studie ist, dass sich die mittlere Entfernung zwischen Geburts- und Sterbeort über die Zeit nur unwesentlich verändert hat. Sie betrug im 14. Jahrhundert nur ca. 214 km und im 21. Jahrhundert 382 km, wobei sich der Anstieg primär durch die Kolonisation von Australien und Amerika erklärt sowie durch die Zunahme der Mobilität zwischen der West- und Ostküste in Nordamerika.

Die Bedeutung der internationalen Mobilität von hoch qualifizierten Wissensträgern untersucht Anna-Lee Saxenian in ihrem Buch von 2006. In diesem analysiert sie die Faktoren hinter dem Erfolg des Silicon Valley in den USA (siehe Exkurs 1). Sie fand dabei heraus, dass etwa ein Drittel aller Start-up-Gründer in dieser Region Ende der 1990er-Jahre nicht in den USA geboren sind. Auch fast die Hälfte aller Ingenieure im Silicon Valley stammt aus dem Ausland, ein Großteil von ihnen aus China, Taiwan und Indien. Ohne den Zuzug dieser zum großen Teil hoch qualifizierten (d. h. über viel Wissen verfügenden) Individuen wäre der Erfolg der Region im Bereich der IuK-Technologie sowie der Softwareerstellung nicht möglich gewesen. Saxenian fand aber noch mehr heraus. Ein signifikanter Teil dieser hoch qualifizierten Individuen verließ nach einiger Zeit das Silicon Valley und kehrte in die Heimatländer zurück. Dadurch kam es zu einem erheblichen Wissenstransfer aus dem Silicon Valley nach Süd-Ost Asien aber auch nach Israel. Ein Beispiel hierfür ist die Idee des Venture Capitals, d. h. die private Bereitstellung von Risikokapital für technologieorientierte Unternehmensgründungen, die auf diesem Wege aus den USA nach Israel und Taiwan gelangte. Saxenian spricht daher von *„brain circulation"*. Während die Abwanderung der gut ausgebildeten Individuen aus Asien in die USA für diese Länder mit einem Verlust an Humankapital gleichzusetzen war, (*„Braindrain"*) stellte ihre Rückkehr einen signifikanten Zugewinn an Wissen dar (*„brain gain"*), weil sie zusätzlich zu ihrem früheren Wissen nun auch noch Kenntnisse und Fähigkeiten zurückbrachten, die sie sich während ihrer Zeit in den USA angeeignet hatten. Mehr noch, sie hatten wichtige Kontakte in den USA aufgebaut, die seitdem für einen kontinuierlichen Wissenstransfer zwischen dem Silicon Valley und ihren Heimatländern sorgen.

Ein ähnliches Ergebnis, allerdings in Bezug auf eine andere Gruppe von Individuen, finden Zucker und Darby (2006). Sie konzentrieren sich explizit auf besonders hoch qualifizierte Personen, da diese besonders „wertvolles" Wissen besitzen und ihr Ortswechsel somit qualitativ von großer Bedeutung ist. Die Autoren zeigen in ihrer Untersuchung, dass sich sogenannte Star-Wissenschaftler räumlich stark konzentrieren, d. h. sie sind nicht gleichmäßig über alle Regionen verteilt, sondern in wenigen Regionen agglomeriert. Das liegt unter anderem daran, dass sie bei einem Arbeitsplatzwechsel Orte präferieren, an denen schon andere Star-Wissenschaftler sind – so lange dort die Möglichkeiten, ihr Wissen wirtschaftlich lukrativ zu verwerten, ebenfalls gegeben sind. Wie Saxenian (2006) beobachten sie eine starke *„brain-circulation"*. So verlassen z. B. Star-Wissenschaftler die EU und wandern in die USA aus, kehren dann aber nach einiger Zeit mit neuem Wissen und wertvollen Kontakten wieder in die EU zurück. Zunehmend findet eine solche Wanderung auch zwischen den USA und Asien statt.

3.5 Räumliche Mobilität von Wissensträgern

Exkurs 1: Silicon Valley, Quelle: Ellrich (2004)
Das Silicon Valley ist ein Gebiet am südlichen Ende der San Francisco Bay in Westkalifornien (USA) mit der Stadt San Jose als Zentrum. Der Name geht auf die 1970er-Jahre zurück, als das Gebiet das Zentrum der sich schnell entwickelnden Halbleiter- und Computerindustrie wurde. Mittlerweile haben sich dort mehr als 7.000 Software- und Elektronikfirmen angesiedelt. Auch der Großteil der amerikanischen Computerindustrie hat seinen Ursprung dort sowie viele der führenden Firmen dieser Branchen, wie z. B. Apple, Cisco Systems, Google, Intel, Oracle, etc. Zusätzlich befindet sich eine der renommiertesten Universitäten der Welt dort: die Stanford University. Die beispiellose wirtschaftliche Entwicklung, die in kontinuierlichen technologisch-ökonomischen Innovationen begründet ist, hat das Silicon Valley (schlechthin) zu dem Beispiel einer erfolgreichen wissensbasierten Regionalwirtschaft werden lassen. Zahlreiche wichtige Arbeiten in der Wirtschaftsgeografie wurden durch die einmalige Entwicklung des Silicon Valleys inspiriert oder basieren auf Untersuchungen dieser Region (z. B. Saxenian 1994) (siehe Abb. 3.1).

Aber nicht nur internationale Mobilität von hoch qualifizierten Individuen fördert die interorganisationale und räumliche Wissensdiffusion. Mit jedem Umzug verlagert ein Individuum Wissen von seinem vorherigen Wohn- bzw. Arbeitsort an einen anderen Ort. Wie häufig kleinräumige Umzüge in Deutschland sind, verdeutlicht die sogenannte Mobilitätsziffer. Sie hatte im Jahr 2011 einen Wert von 46. Das bedeutet, dass es auf 1000 Einwohner 46 Wanderungsfälle gegeben hat (Zu- und Wegzüge aus einer Gemeinde). In anderen Worten, im Jahr 2011 ist mehr als jeder zwanzigste Einwohner Deutschlands in eine andere Gemeinde gezogen (Destatis 2013). In Tab. 3.1 wird deutlich, dass, von den letzten Jahren abgesehen, die Mobilität über Gemeinde, Kreis und Landesgrenzen stetig gesunken ist. Das bedeutet, dass diese Form des Wissenstransfers zugenommen hat.

Allerdings spiegeln diese Zahlen nur ungenau die tatsächlichen Arbeitsplatzwechsel, d. h. die interorganisationalen Wissenstransfers, wider, da Umzüge nicht immer mit einem Arbeitsplatzwechsel einhergehen bzw. auch Nicht-Arbeitnehmer in dieser Statistik erfasst sind.

In der Studie von Haas (2000) werden nur Arbeitsplatzwechsel erfasst. Hier zeigt sich, dass ca. 6 % der weiblichen und 8 % der männlichen Beschäftigten in jedem Jahr einen neuen Arbeitsplatz in einem anderen Kreis annehmen. Sogar 4 % der Frauen und 5 % der Männer überqueren beim Arbeitsplatzwechsel die Grenze von Arbeitsmarktregionen.[3] Knapp 2 % der Arbeitnehmer ziehen sogar in ein anderes Bundesland um.

Es lässt sich weiter feststellen, dass mit zunehmender Berufserfahrung räumliche Arbeitsplatzwechsel abnehmen. Weiterhin führen hohe regionale Arbeitslosenquoten tendenziell zu einer Abwanderung, wohingegen eine niedrige Quote anziehend auf Arbeitskräfte wirkt (Mertens und Haas 2006).

Mobilitätsfördernd wirkt auch ein zunehmendes Bildungsniveau. So zeigen Mertens und Haas (2006), dass Hochschulabsolventen zu den regional mobilsten Individuen gehören. Die Ergebnisse von Haas (2000) verdeutlichen die Dimension ihrer Mobilität im Vergleich zu Individuen mit geringeren Bildungsabschlüssen (vgl. Tab. 3.2).

---

[3] Im Regelfall bestehen Arbeitsmarktregionen aus einer Zusammenlegung von 2–4 benachbarten Kreisen.

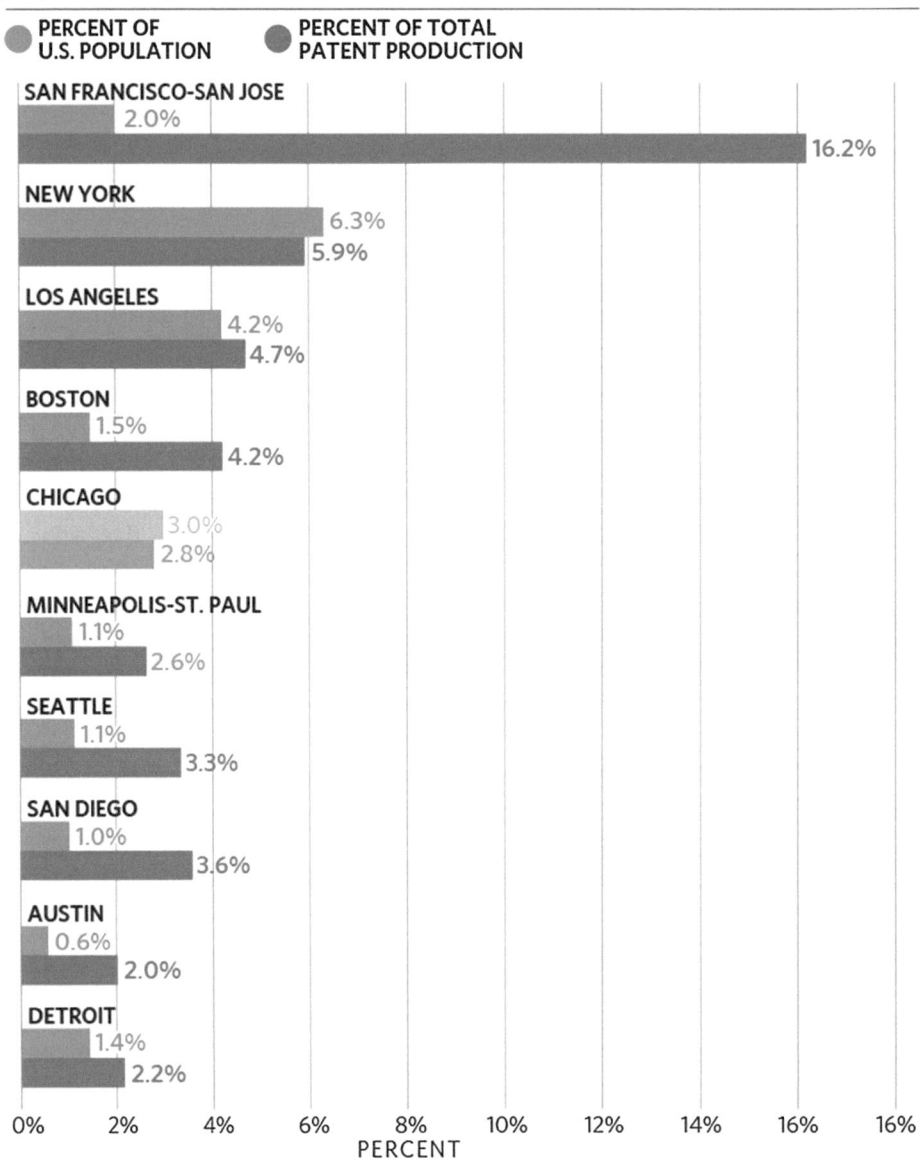

Abb. 3.1 Patentaktivitäten in US Metropolen. Quelle: Chicago Metropolitan Agency for Planning (2013)

Tab. 3.1 Räumliche Mobilität in Deutschland. Quelle: Eigene Darstellung aufbauend auf Destatis (2013), S. 18

	Wanderungen über die					
	Gemeindegrenzen		Kreisgrenzen		Landesgrenzen	
	Anzahl in 1000	je 1000 Einwohner/-innen[1]	Anzahl in 1000	je 1000 Einwohner/-innen[1]	Anzahl in 1000	je 1000 Einwohner/-innen[1]
	Früheres Bundesgebiet					
1970	3.662	59,8	2.942	48,1	1.118	18,5
1980	3.024	49,2	2.304	37,5	820	13,4
1985	2.572	42,1	1.850	30,3	640	10,5
1990	2.970	47,4	2.185	34,9	841	13,4
Deutschland						
1991	3.402	42,8	2.494	31,4	1.127	14,2
1995	3.951	48,5	2.722	33,4	1.069	13,1
2000	3.892	47,3	2.700	32,9	1.137	13,8
2005	3.655	44,3	2.548	30,9	1.071	13,0
2010	3.576	43,7	2.538	31,1	1.062	13,0
2011	3.739	45,7	2.661	32,5	1.113	13,6

Ergebnisse des Zensus 2011 sind hier nicht berücksichtigt
[1]jeweils am 31. Dezember des Vorjahres

Tab. 3.2 Mobilität und Bildungsabschluss (in % der Wechsel über Arbeitsmarktregionsgrenzen). Quelle: Eigene Darstellung nach Haas (2000)

Gruppe	Regionale Mobilität 1982 (in % der Wechsler)	Regionale Mobilität 1996 (in % der Wechsler)
Keine Berufsausbildung	20,1	26,1
Mit Berufsausbildung	27,0	31,5
Mit Hochschulabschluss	47,7	52,4

Demnach haben fast die Hälfte der Individuen, die einen Arbeitsplatz in einer anderen Arbeitsmarktregion annehmen, einen Hochschulabschluss.

Die empirischen Untersuchungen zeigen somit eindeutig, dass es eine signifikante räumliche Mobilität von Individuen gibt, die mit entsprechenden Transfers des an die Individuen gebundenen Wissens einhergeht. Allerdings wird auch deutlich, dass trotz der ständig verbesserten Transportinfrastruktur und sinkenden Raumüberwindungskosten die meisten Individuen (von Urlaubsausflügen abgesehen) räumlich nicht sehr mobil sind. Das trifft auf generelle Umzüge, aber insbesondere auch auf Arbeitsplatzwechsel zu, die beide eher kleinräumig stattfinden. Umzüge sind mit hohen Umstellungskosten, Zeitaufwand und dergleichen verbunden, welche mit zunehmender Distanz zwischen altem und neuem Wohnort ansteigen. Vor diesem Hintergrund kann auch hier festgehalten werden, dass der Wissenstransfer durch Arbeitsplatzwechsel in der Tat wahrscheinlicher ist, wenn sich die alten und die neuen Arbeitsplätze in räumlicher Nähe zueinander befinden.[4]

3.6　Absolventen/Praktikanten/Doktoranden

Ein interorganisationaler Wissenstransfer findet auch statt, wenn Doktoranden, Absolventen oder Praktikanten für die erste Anstellung, Doktorarbeit oder Praktikum ihre Hochschulen verlassen und in anderen Organisationen zu arbeiten beginnen.[5] Obwohl diese Form des Wissenstransfers im Prinzip als eine besondere Art des Arbeitsplatzwechsels angesehen werden kann, soll er hier gesondert diskutiert werden. Dies liegt darin begründet, dass Doktoranden, Absolventen und Praktikanten nicht nur ihre Arbeitskraft in Unternehmen einbringen, sondern vor allem das in den Hochschulen erlernte (neue) Wissen an ihrem neuen Arbeitsplatz zur Anwendung bringen. Das erlaubt anderen Mitarbeitern, dieses Wissen aufzunehmen und somit einen Wissenstransfer zwischen Hochschulen und Organisation zu etablieren. Dadurch, dass das Wissen an Hochschulen im Regelfall aktuell und in größeren Teilen Grundlagenwissen ist, hat dieser Wissenstransfer eine große Bedeutung für die Erneuerung und Erweiterung der Wissensbasis der Privatwirtschaft.

Legler et al. (2001) präsentieren Informationen zur Mobilität deutscher Universitätsabsolventen (vgl. Abb. 3.2). Obwohl es starke Unterschiede zwischen den einzelnen Fachrichtungen gibt, wird doch deutlich, dass fast die Hälfte von ihnen innerhalb eines Umkreises von weniger als 50 km zu ihrer Universität den ersten Arbeitsplatz findet.

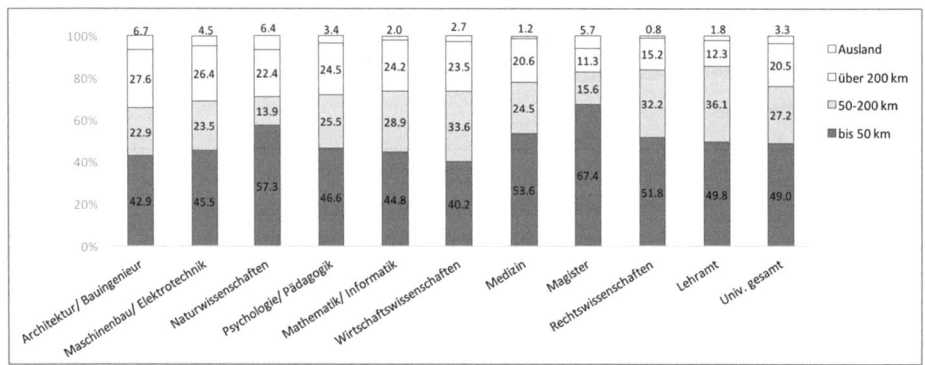

Abb. 3.2 Räumliche Mobilität von Universitätsabsolventen nach Fachrichtungen 1997. Quelle: Eigene Darstellung nach Legler et al. (2001), S. 120

---

[4] Als ein Sonderfall der räumlichen Mobilität von Wissensträgern können Spin-offs aufgefasst werden (siehe Exkurs 9).

[5] Das Gleiche gilt auch für Berufsschulen und andere berufsbildende oder weiterbildende Einrichtungen. Allerdings wird in Bezug auf technologisch-ökonomisch relevantes Wissen primär auf Hochschulen als potente Wissensquellen abgestellt.

3.7 Kooperationen

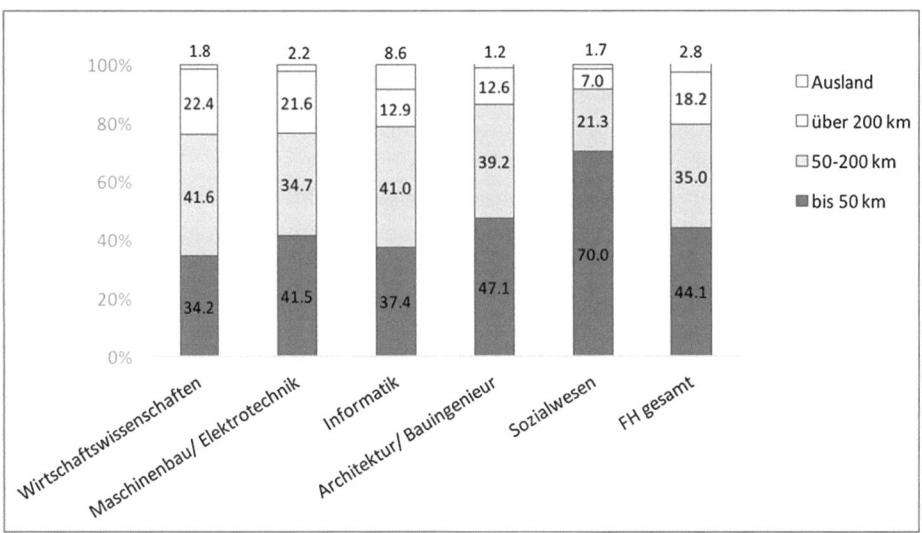

Abb. 3.3 Räumliche Mobilität von Fachhochschulabsolventen nach Fachrichtungen 1997. Quelle: Eigene Darstellung nach Legler et al. (2001), S. 121

Für Fachhochschulabsolventen sehen die Ergebnisse recht ähnlich aus, wenngleich hier die räumliche Mobilität in einigen Fachbereichen etwas stärker ausgeprägt ist (Abb. 3.3).

Mehr als wahrscheinlich trifft dies auch auf Praktikumsplätze und die Mobilität von Doktoranden zu. Allerdings suchen sich viele Praktikanten auch einen Praktikumsplatz in ihrer Heimatregion (d. h. dort, wo sie aufgewachsen sind) und diese Region muss nicht die gleiche Region sein, in der sie studieren. Auch gibt es viele Praktikanten, Absolventen und Doktoranden, welche die Zeit während bzw. nach dem Studium nutzen wollen, um Erfahrungen an anderen Orten zu sammeln (z. B. im Ausland) und von daher bewusst einen Arbeitsplatz in größerer Entfernung zu ihrer Universität suchen. Wie die obigen Ergebnisse jedoch zeigen, ist dies eher die Ausnahme.

Es kann daher auch für diese Art des Wissenstransfers festgestellt werden, dass räumliche Nähe zwischen Hochschule und den einstellenden Organisationen die Häufigkeit dieses Wissenstransfers fördert.

3.7 Kooperationen

Kooperationen werden in der Literatur besonders häufig als Mechanismus des interorganisationalen Wissenstransfers angeführt. Im Kontext der Wissens- und Innovationsgeografie stellen Kooperationen eine temporäre freiwillige Zusammenarbeit zweier Organisationen dar, bei der es zum Transfer von Wissen kommt. Im Regelfall konzentriert sich die Literatur dabei auf das gemeinsame Durchführen von Forschungsprojekten, da insbesondere bei dieser Form der Kooperation ein hohes Potenzial für den Austausch von ökonomisch-technologisch relevantem Wissen existiert. Ähnliches gilt auch für finanzielle Beteiligungen

(z. B. durch Venturecapital-Gesellschaften oder Joint Ventures). Das heißt nicht, dass andere Kooperationen (z. B. Kooperationen in Bezug auf Lobbyismus oder gemeinsamer Beschaffung von Produktionsfaktoren) kein Potenzial für Wissenstransfer bieten. Allerdings ist ihr Potenzial im Regelfall ungleich niedriger und sie werden deshalb vernachlässigt. Nachfolgend wird sich auf Forschungskooperationen konzentriert, da die Argumente leicht auf andere Kooperationsarten übertragen werden können.

Die Vorteile, die Forschungskooperationen den beteiligten Organisationen bieten, sind vielfältig.

Erstens können Organisationen das individuelle Risiko, das mit einzelnen Forschungsvorhaben verbunden ist, senken, wenn sie weitere Organisationen daran beteiligen. Dadurch, dass sie eigene durch fremde Ressourcen substituieren, verlieren sie im Falle des Scheiterns weniger, als wenn sie alle nötigen Ressourcen für ein Forschungsvorhaben alleine hätten investieren müssen.

Zweitens sind Kooperationen ein wichtiger Weg, wie sich Organisationen Zugang zu fehlenden, aber komplementären Kompetenzen und Wissenssegmenten verschaffen können (Hagedoorn 2002). Das schließt mit ein, dass durch die Zusammenarbeit und das Zusammenbringen des Wissens mehrerer Organisationen auch die Chancen und Risiken, die mit dem Forschungsvorhaben verbunden sind, besser abgeschätzt werden können (Cassiman und Veugelers 2002).

Drittens bieten Forschungskooperationen die Möglichkeit von anderen Organisationen zu lernen, d. h. von einem Transfer von Wissen zwischen den beteiligten Organisationen zu profitieren. Obwohl davon ausgegangen werden kann, dass die Menge des erlernten Wissens oft nicht gleichmäßig zwischen den Partnern verteilt sind, d. h. einige lernen mehr als andere, so werden im Regelfall immer alle miteinander kooperierenden Organisationen irgendetwas voneinander lernen (Ahuja 2000; Eisenhardt und Schoonhoven 1996).

Viertens sind Forschungskooperationen auch mit *learning-by-doing* verbunden. Das bedeutet, dass Organisationen, die viel kooperieren, eher lernen, wie zukünftige Kooperationen zu gestaltet sind, damit sie für sie möglichst erfolgreich und gewinnbringend sind.

Allerdings ist nicht jede Kooperation erfolgreich. Viele von ihnen scheitern. Ein wichtiger Grund für das Scheitern von Kooperationen ist das sogenannte „*free-riding-problem*" bzw. das moralische-Risiko-Problem (Kesteloot und Veugelers 1995). Es bedeutet nichts anderes, als dass es in bestimmten Situationen für einen Kooperationspartner ökonomisch sinnvoller sein kann, den oder die anderen Kooperationspartner zu hintergehen. Das liegt unter anderem daran, dass bei Kooperationsprojekten nur schwer verhindert werden kann, dass sich eine Organisation Wissen von einer anderen Organisation aneignet, welches diese aber gar nicht preisgeben wollte (siehe dazu Abschn. 4.3). In einem anderen Fall ist eine Organisation nur an einem Zwischenergebnis interessiert, tut aber zu Beginn so, als würde sie das ganze Vorhaben unterstützen. Wenn das Zwischenergebnis erreicht ist, leistet die Organisation aber keinen weiteren Beitrag zum Gelingen des Projekts.

Der Erfolg von Kooperationen und die Möglichkeiten des gemeinsamen Lernens sowie der mit der Kooperation einhergehenden Wissensgenerierung hängen somit stark von der Motivation und den Fähigkeiten der kooperierenden Organisationen ab.

Exkurs 2: Moralisches Risiko, nach Blochmann und Wolf (2013), S. 66
Unter einem moralischen-Risiko-Problem („*moral hazard*") versteht man, dass die Wahrscheinlichkeit für das Eintreten eines ungünstigen Ergebnisses (Risikofalls) durch das Verhalten der betroffenen Organisation beeinflussbar ist. Ein klassisches Beispiel für das moralische-Risiko-Problem sind Sachversicherungen, die zu einer nachträglichen Verhaltensänderung des Versicherungsnehmers führen kann. Hat der Versicherungsnehmer bisher stets qualitativ hochwertige Fahrradschlösser benutzt, so könnte er sich nach Abschluss der Versicherung aus Kostengründen eher für ein qualitativ minderwertiges Schloss entscheiden und somit die Diebstahlwahrscheinlichkeit erhöhen. Für die Versicherung könnte dies zum Problem werden, wenn sie die Versicherungsprämie aufbauend auf dem bis dahin beobachtetem Verhalten (der Nutzung qualitativ hochwertiger Fahrradschlösser) und der entsprechend geringeren Diebstahlwahrscheinlichkeit festgelegt hat.

Aber auch bei Kooperationen kann das Problem auftreten. So ist die Wahrscheinlichkeit für ein moralisches-Risiko-Problem besonders groß, wenn die Anreizstruktur für den Projekterfolg so gestaltet ist, dass es für einen Partner ökonomisch sinnvoller ist, sich nicht im Sinne des Projekterfolges zu verhalten, sondern eher die anderen Partner für seine eigenen Interessen auszunutzen. Solche Situationen treten besonders in den Fällen auf, in denen die Partner ihre Aktivitäten nicht oder nur ungenügend gegenseitig beobachten und überwachen („*monitoring*") können. In diesem Fall können sie nicht unterscheiden, ob das Fehlverhalten eines Partners auf externe, d. h. von diesem nicht zu verschuldende Umstände, zurückzuführen ist, oder auf sein absichtliches Verhalten.

In Bezug auf die Beziehung zwischen Forschungskooperationen und der räumlichen Entfernung zwischen den beteiligten Organisationen gibt es recht eindeutige Ergebnisse. Forschungskooperationen finden häufiger zwischen Organisationen statt, die einander räumlich nah sind (Autant-Bernard et al. 2007). Dabei muss die räumliche Nähe aber nicht ursächlich für das Entstehen der Kooperation sein, d. h. Organisationen kooperieren nicht nur, weil sie zufälligerweise räumlich nahe beieinander sind. Andere Faktoren, die mit der räumlichen Nähe korreliert sind, spielen hier ebenfalls eine Rolle (siehe Kap. 5).

Nichtsdestotrotz bietet räumliche Nähe viele Vorteile für Forschungskooperationen. Nicht nur verringert räumliche Nähe Fahrt- und Transportkosten für die mit Kooperationen einhergehenden Treffen und Interaktionen, sondern sie bedeutet auch, dass die an den Kooperationen beteiligten Organisationen auf ähnliche regionale Hintergründe, Erfahrungen, Kulturen und soziale Einbettungen zurückgreifen können, was die Herausbildung von Vertrauen fördert. Gerade Vertrauen zwischen Organisationen bzw. den beteiligten Individuen fördert Kooperationsaktivitäten, da es die Wahrscheinlichkeit des Ausnutzens der Kooperationspartner (moralischen Risiko) verringert. Insgesamt fördert die räumliche Nähe somit nicht nur die Wahrscheinlichkeit, sondern auch die Erfolgswahrscheinlichkeit und Effizienz des Wissenstransfers mittels Kooperationen.

3.8 Interorganisationale Wissensnetzwerke

Wissensnetzwerke stellen im engeren Sinne keinen eigenständigen Wissenstransfermechanismus dar. Dennoch werden sie hier aufgeführt, da sie eine wichtige Erweiterung des Konzepts des interorganisationalen Wissenstransfers darstellen.

Die Idee der Wissensnetzwerke erweitert die bilaterale Konzeption des Wissenstransfers um eine systemische Perspektive. Im Kern basieren Wissensnetzwerke darauf, dass nicht

Abb. 3.4 Indirekter Wissenstransfer

nur direkte Beziehungen zwischen Organisationen für den interorganisationalen Wissenstransfer relevant sind, sondern auch indirekte Beziehungen eine wichtige Rolle spielen. Die Abb. 3.4 verdeutlicht die Idee dahinter.

Organisation **A** hat demnach keinen Kontakt zur Organisation **C**. Dafür aber unterhält sie Wissensaustauschbeziehungen (egal welcher Art) zur Organisation **B**. Auf diesem Weg überträgt sie ein bestimmtes Wissenssegment zur Organisation **B**. Diese wiederum unterhält nicht nur Wissensaustauschbeziehungen mit Organisation **A**, sondern auch mit Organisation **C**. An letztere gibt sie das Wissenssegment, das sie von **A** erhalten hat, weiter. So gelangt Wissen von **A** zur Organisation **C,** ohne, dass beide Organisationen eine direkte Wissensaustauschbeziehung unterhalten. Organisation **B** überbrückt in diesem Fall die „fehlende" Beziehung zwischen **A** und **C**. Diese Brückenfunktion wird auch als „Broker"-Rolle bezeichnet, die für die verbindende Organisation viele Vorteile bietet. So übt sie eine kontrollierende Funktion über den Wissensfluss aus, was die beiden anderen Organisationen in eine gewisse Abhängigkeit von ihr bringt. Dies kann durch Organisation **B** zum eigenen Vorteil ausgenutzt werden (Burt 1992).

Dabei muss sich so ein indirekter Wissenstransfer nicht nur auf die Situation beschränken, in der eine „fehlende" Beziehung zwischen zwei Organisationen durch eine andere Organisation überbrückt wird, die mit beiden Organisationen interagiert. Das soll anhand von Abb. 3.5 verdeutlicht werden, die eine komplexe Struktur eines Wissensnetzwerkes zeigt. Der Einfachheit halber soll es sich bei den 25 Kreisen in der Abbildung um Firmen einer Branche handeln. Die Striche symbolisieren, welche Firmen miteinander kooperieren und in diesen Kooperationen Wissen austauschen. Damit hier Wissen der Firma **E** zur Firma **D** gelangt, müsste das Wissen von Firma **Q** an Firma **S** und von da zur Firma **A** weitergegeben werden. In dieser Situation umfasst eine indirekte Beziehung zwischen zwei Firmen mehrere andere Firmen und deren Beziehungen untereinander.

Wissensnetzwerke bestehen aus bilateralen interorganisationalen Wissenstransferbeziehungen innerhalb einer Gruppe von Organisationen. Das Interessante an solchen Strukturen ist nicht nur die Existenz solcher indirekten Beziehungen, sondern dass es für eine Organisation in einem solchen Beziehungsgeflecht eine Rolle spielen kann, an welcher strukturellen Position (Einbindungen in das gesamte Beziehungsgeflecht) sie verortet ist und wie die Gesamtstruktur des Geflechts (Wissensnetzwerk) aussieht.

In Bezug auf die Position im Wissensnetzwerk kommt es auf die sogenannte Zentralität einer Organisation an. Zentralität beschreibt den Umfang der direkten (und indirekten) Beziehungen einer Organisation. Im Kontext von Wissensnetzwerken stellt sie ein Maß dafür dar, inwieweit eine Organisation Zugang zum Wissen anderer Organisationen im Netzwerk hat.

3.8 Interorganisationale Wissensnetzwerke

Abb. 3.5 Schematische Netzwerkdarstellung

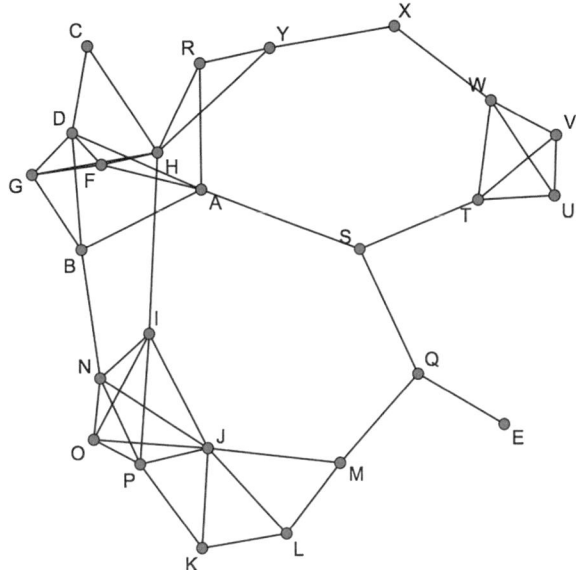

Um die Idee hinter der Zentralität zu verstehen, kann ein kleines Gedankenexperiment helfen. Abb. 3.5 symbolisiert immer noch ein Wissensnetzwerk zwischen Firmen einer Branche. Firma **A** macht jetzt eine Erfindung, die es ihr ermöglicht, profitabler zu produzieren. Dieses Wissen gibt sie an ihre direkten Kooperationspartner weiter, damit auch diese davon profitieren. Entsprechend verfügen jetzt auch die Firmen **R**, **F**, **D** und **B** über dieses Wissen. Da dieses Wissen, aus welchen Gründen auch immer, nicht geheim gehalten werden kann, geben diese es an ihre Kooperationspartner **Y**, **H**, **C**, **G**, und **N** weiter. Und so weiter. Das Gedankenexperiment zeigt, wie sich Wissen innerhalb eines Netzwerkes ausbreitet, nämlich indem es „entlang" der direkten Beziehungen von einer Firma zur nächsten weitergegeben wird bzw. fließt.

Welche Konsequenz ergibt sich daraus? Diese zum Beispiel: Eine Firma, die sehr viele Kooperationspartner hat (z. B. Firma **J**), wird mit höherer Wahrscheinlichkeit früher von einer Innovation innerhalb dieser Branche erfahren als eine Firma mit nur wenigen Partnern (z. B. Firma **E**), da jeder dieser Partner in der Zukunft Innovator sein könnte. Wenn man indirekte Beziehungen jetzt noch mit einbezieht, dann lohnt es sich, viele Partner zu haben, noch mehr. Denn diese vielen Partner haben jeweils wieder viele Partner, die zukünftige Innovatoren sein können und entsprechend steigt die Wahrscheinlichkeit, über die Kombination aus direkten und indirekten Beziehungen früh Zugang zum Wissen um diese Innovation zu erhalten.

In der Netzwerkforschung wird die Anzahl der direkten Partner als Degree-Zentralität bezeichnet und beschreibt die „Position", die eine Organisation im Netzwerk einnimmt in Bezug auf die Stärke ihrer Einbettung in Netzwerk. Organisationen mit vielen Partnern sind demnach sehr stark eingebunden und haben einen sehr guten direkten Zugang zum Wissen anderer Organisationen sowie eine robuste Einbettung in das Netzwerk. Sollte einer der Partner bankrottgehen, dann ist die Organisation immer noch gut über die Vielzahl der anderen Partner in das Netzwerk eingebunden.

In einem anderen Beispiel wird das Gedankenexperiment um die Annahme erweitert, dass der Transfer von Wissen von einer Firma zur nächsten nicht kostenlos ist. Damit könnten Zeitverzögerungen gemeint sein (je später eine Firma von der Innovation erfährt, umso später kann sie damit ihre Profitabilität steigern) aber auch Transferverluste beim Wissen (Beispiel: das Spiel „Stille Post"). Unter diesen Annahmen ist es gut, wenn möglichst wenige andere Firmen das Wissen weitergeben müssen, damit eine Firma das Wissen von einem Innovator erhält. Wenn zum Beispiel Firma **Q** innoviert, dann ist Firma **E** in einer sehr guten Position, da es sich bei **Q** um einen ihrer Kooperationspartner handelt und das Wissen so schnell und ohne Verluste transferiert werden kann (Abb. 3.5). Ist der Innovator hingegen Firma **C**, dauert es sehr lange, bis Firma **E** von der Innovation erfährt, oder es erreicht sie das Wissen nur in Bruchstücken, da sehr viele andere Firmen erst das Wissen weitergeben müssen, nämlich Firma **D**, **A**, **S** und **Q**.

In Wissensnetzwerken wird die Anzahl an Organisationen, die das Wissen weitergeben müssen, damit es von einer Ursprungs- zu einer Zielorganisation gelangt, als Entfernung bezeichnet. In Abb. 3.5 ist die Entfernung zwischen Firma **E** und **C** entsprechend 4, wohingegen sie zwischen Firma **Q** und **E** 1 ist. Der Transfer über Firmen **D**, **A**, **S**, **Q** ist aber nicht der einzige „Weg", auf dem das Wissen von Firma **C** zu **E** gelangen kann. Das Wissen könnte auch über die Firmen **D**, **B**, **N**, **J**, **M** und **Q** zu **E** transferiert werden. Allerdings ist dieser Weg länger, d. h. er involviert mehr Zwischenschritte, die mit Kosten oder Wissensverlusten verbunden sind. Aus diesem Grund konzentriert man sich in der Netzwerkforschung nur auf den kürzesten (d. h. die wenigsten Zwischenschritte implizierenden) Weg zwischen Organisationen eines Netzwerkes, da dieser den wahrscheinlichsten Weg der Wissensdiffusion darstellt. Wenn man nun wieder davon ausgeht, dass jede Organisation im Netzwerk ein potenzieller Innovator ist, ist es entsprechend vorteilhaft, in einer möglichst kurzen Entfernung zu allen potenziellen Innovatoren zu sein. Dies wird als sogenannte Closeness-Zentralität bezeichnet. Wenn es zu einer Reihe von Innovation durch jeweils zufällig ausgewählte Organisationen im Netzwerk kommt, dann wird die Organisation mit der höchsten Closeness-Zentralität (im Beispiel Organisation **A**) im Durchschnitt am frühsten von dieser Innovation erfahren bzw. im Durchschnitt das „vollständigste" Wissen über die Innovation erhalten. Dies kann mit zunehmender Anzahl an Innovationen einen gravierenden Vorteil darstellen.[6]

Allerdings geht mit zentralen Positionen auch ein gewisses Risiko einher. So besteht im Kontext der Wissensnetzwerke die Gefahr, dass sich das eigene Wissen sehr schnell im Netzwerk (ungewollt) ausbreitet und somit wettbewerbsrelevante Wissensvorsprünge verloren gehen.

Die Gesamtstruktur von Wissensnetzwerken kann verschiedentlich analysiert werden. So kann die Frage im Mittelpunkt stehen, inwieweit ein Netzwerk um eine einzelne oder um einige wenige Firmen herum „zentriert" ist. Dieses wird über die sogenannte Netzwerkzentralisation erfasst. Wissensnetzwerke mit einer hohen Zentralisation sind um eine oder wenige Organisationen herum „zentriert", d. h. diese Organisationen sind entscheidend für

---

[6] Es gibt noch weitere Zentralitätsarten, die hier aber nicht weiter diskutiert werden. Die klassischen Ausführungen zum Thema finden sich in Freeman (1979).

3.8 Interorganisationale Wissensnetzwerke

Abb. 3.6 Darstellung eines sternförmigen Netzwerkes

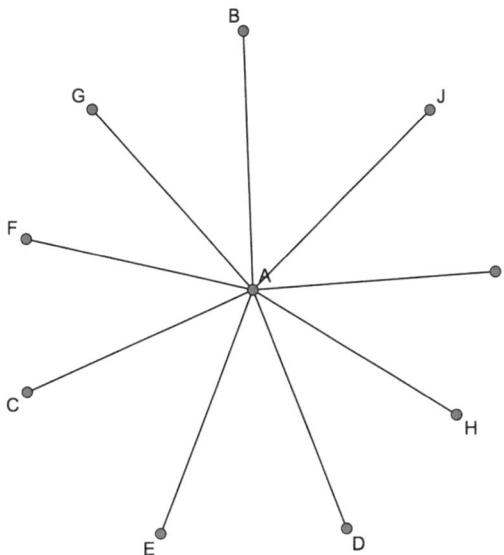

die Wissensdiffusion im Netzwerk. Das einfachste Beispiel für ein zentriertes Netzwerk ist ein sternförmiges Netzwerk (siehe Abb. 3.6). Organisation **A** dominiert das Netzwerk absolut. Alles Wissen, was von einer Organisation zu einer anderen Organisation in diesem Netzwerk transferiert wird, muss zwangsläufig durch **A** hindurch, womit **A** den gesamten Wissensfluss des Netzwerkes steuern kann.

Eine andere Frage, die sich auf die Gesamtstruktur eines Wissensnetzwerkes bezieht ist, ob die Struktur das Hervorbringen von Innovationen durch die im Netzwerk eingebunden Akteure unterstützt. Eine Netzwerkstruktur, die als besonders innovationsfördernd identifiziert wurde, ist das sogenannte „Small-World-Netzwerk", das in Abb. 3.7 schematisch präsentiert wird. Ohne hier auf die genauen Details einzugehen, zeichnet sich das Netzwerk dadurch aus, dass es viele kleine Gruppen von Organisationen gibt, die intensive Wissensaustauschbeziehungen pflegen. Innerhalb dieser Gruppen werden die Vorteile intensiver Vernetzung realisiert (z. B. schnelle Wissensdiffusion). Zwischen den Gruppen ist die Vernetzung allerdings deutlich schwächer ausgeprägt. Das gewährleistet, dass im Netzwerk eine gewisse Wissensheterogenität erhalten bleibt, denn nicht alle Wissenssegmente, die innerhalb der kleinen Gruppen ausgetauscht werden, können aufgrund der geringen Vernetzung der Gruppen untereinander einfach zu anderen Gruppen diffundieren (vgl. Cowan und Jonard 2004).

Die Analyse der Position von Organisationen in interorganisationalen und räumlichen Wissensnetzwerken sowie Untersuchungen zur Struktur von Wissensnetzwerken stellt ein noch recht junges Forschungsfeld dar. Dennoch hat die empirische Literatur bereits erste interessante Ergebnisse geliefert.[7]

---

[7] Dies ist eine nicht vollständige Übersicht über aktuelle Forschungsergebnisse zum Thema.

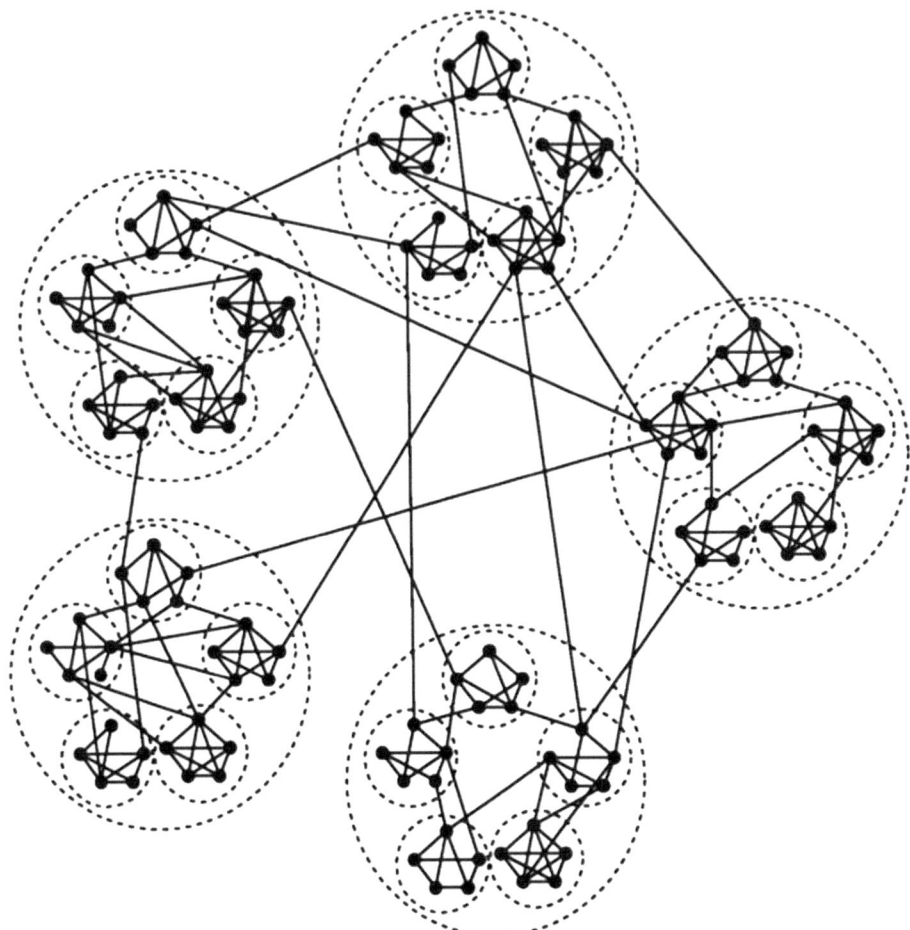

Abb. 3.7 Darstellung eines Small-World-Netzwerkes. Quelle: Kaiser (2007), S. 3041

Boschma und Ter Wal (2007) zeigen am Beispiel eines Wissensnetzwerkes in einer süditalienischen Region, dass Firmen, die eine zentrale Position im Netzwerk einnehmen, innovativer sind als Firmen, die eher in der Peripherie des Netzwerkes verortet sind.

Breschi und Lenzi (2014) weisen nach, dass die Struktur von Wissensnetzwerken innerhalb und zwischen Städten in den USA die Innovationsleistung dieser beeinflusst. Die Intensität der intra-regionalen Wissensaustauschbeziehungen kann ebenfalls entscheidend für die Innovationsleistung von Regionen sein, wie Broekel (2012) und Broekel et al. (2015a) nachweisen. Eine Übersicht über die wichtigsten Ergebnisse in Bezug auf kooperationsbasierte Wissensnetzwerke und Innovationsleistung von Unternehmen und Regionen findet sich in Pippel (2012).

Untersuchungen zu strukturellen Eigenschaften von Wissensnetzwerken sind hingegen noch relativ selten. Broekel und Graf (2012) finden aber heraus, dass sich die Struktur von

Wissensnetzwerken, die auf geförderten Kooperationen in Deutschland basieren, signifikant durch die Intensität der Beteiligung öffentlicher Forschungsorganisationen am Netzwerk geprägt wird.

Resümee

In diesem Kapitel wurde der interorganisationale Wissenstransfer im Allgemeinen sowie seine wichtigsten Arten vorgestellt. Dies beinhaltet die Wissenstransferarten: Absorption von explizitem, kodifiziertem Wissen; Lernen durch Beobachten; informelle Interaktionen von Mitarbeitern zweier Organisationen; räumliche Mobilität von Wissensträgern; Doktorarbeiten, Praktikanten, Absolventen sowie Kooperationen. Es wurde für alle Wissenstransferarten die Relevanz der geographischen Entfernung zwischen den beteiligten Organisationen diskutiert. Dabei wurde herausgearbeitet, dass für fast alle Wissenstransferarten die geographische Nähe die Wahrscheinlichkeit ihres Auftretens positiv beeinflusst und in einigen Fällen auch ihre Effizienz. Allerdings gibt es große Unterschiede in Bezug auf die Stärke ihres Einflusses.

Weiterhin wurden in diesem Kapitel der bilaterale Wissenstransfer um die Idee des indirekten Wissenstransfers und damit um das Konzept der Wissensnetzwerke erweitert. Diesbezüglich wurde kurz diskutiert, welche verschiedenen Positionen Organisationen in solchen Netzwerken einnehmen können, sowie inwieweit die Struktur von Wissensnetzwerken die Effizienz des Wissenstransfers sowie der Innovationsgenerierung beteiligter Organisationen beeinflussen kann.

Kontroll- und Lernfragen

- Was versteht man unter einem interorganisationalen Wissenstransfer und wie grenzt er sich von interpersonellem Wissenstransfer ab?
- Welche Arten des interorganisationalen Wissenstransfers gibt es?
- Welche Rolle spielt die räumliche Entfernung für die verschiedenen Arten des interorganisationalen Wissenstransfers?
- Welche Vorteile bieten Forschungskooperationen gegenüber anderen Arten des Wissenstransfers?
- Was versteht man unter Wissensnetzwerken?
- Welchen Vorteil bietet eine Position mit großer Closeness-Zentralität in einem Wissensnetzwerk?

Literatur

Ahuja, G. (2000). The duality of collaboration: Inducements and opportunities in the formation of interfirm linkages. *Strategic Management Journal, 21*(3), 317–343.
Autant-Bernard, C., et al. (2007). Social distance versus spatial distance in R&D cooperation: Empirical evidence from european collaboration choices in micro and nanotechnologies. *Papers in Regional Science, 86*, 495–519.
Balconi, M. (2002). Tacitness, codification of technological knowledge and the organisation of industry. *Research Policy, 31*(3), 357–379.

Blochmann, D. J., & Wolf, R. (2013). *Kooperationen mittelständischer Bauunternehmen: Zur Erschließung neuer Marktfelder bei der Privatisierung öffentlicher Aufgaben.* Springer-Verlag: Springer Fachmedien Wiesbaden.

Boschma, R. A., & ter Wal, A. L. J. (2007). Knowledge networks and innovative performance in an industrial district: The case of a footwear district in the south of Italy. *Industry and Innovation, 14*(2), 177–199.

Breschi, S., & Lenzi, C. (2014). Local Buzz versus global pipelines and the inventive productivity of US cities. In T. Sterngell (Hrsg.), *The geography of networks and R&D collaboration*. Advances in Spatial Science, Springer: Bocconi University.

Broekel, T. (2012). Collaboration intensity and regional innovation efficiency in Germany – a conditional efficiency approach. *Industry and Innovation, 19*(2), 155–179.

Broekel, T., & Graf, H. (2012). Public research intensity and the structure of German R&D networks: A comparison of ten technologies. *Economics of Innovation and New Technology, 21*(4), 345–372.

Broekel, T., Buerger, M., & Brenner, T. (2015). An investigation of the relation between cooperation and the innovative success of German regions. *Spatial Economic Analysis, 10*(1), 52–78.

Burt, R. S. (1992). *Structural holes: The social structure of competition.* Cambridge, MA: Harvard University Press.

Cassiman, B., & Veugelers, R. (2002). R&D cooperation and spillovers: Some empirical evidence from Belgium. *American Economic Review, 92*(4), 1169–1184.

Chicago Metropolitan Agency for Planning. (2013). Analysis of U.S. Census Bureau, US. Patent and Trademark Office data. http://www.cmap.illinois.gov/economy/regional-economic-indicators/innovation. Zugegriffen am 28.02.2016.

Cowan, R., & Foray, D. (1997). The economics of codification and the diffusion of knowledge. *Industrial and Corporate Change, 6*(3), 595–622.

Cowan, R., & Jonard, N. (2004). Network structure and the diffusion of knowledge. *Journal of Economic Dynamics and Control, 28*(8), 1557–1575.

Destatis. (2013). Bevölkerung und Demographie, Auszug aus dem Datenreport 2013. https://www.destatis.de/DE/Publikationen/Datenreport/Downloads/Datenreport2013Kap1.pdf?__blob=publicationFile

Eisenhardt, K. M., & Schoonhoven, C. B. (1996). Resource-based view of strategic alliance formation: Strategic and social effects in entrepreneurial firms. *Organization Science, 7*(2), 136–150.

Ellrich, M. (2004). Infoblatt Silicon Valley. In *Geographie Infothek*. Leipzig: Ernst Klett Verlag.

Freeman, L. C. (1979). Centrality in social networks – Conceptual clarification. *Social Networks, 1*, 215–239.

Haas, A. (2000). Regionale Mobilität gestiegen. *IAB Kurzbericht, 4/2000*, 1–7.

Hagedoorn, J. (2002). Inter-firm R&D partnerships: An overview of major trends and patterns since 1960. *Research Policy, 31*(4), 477–492.

Kaiser, M. (2007). Brain architecture: a design for natural computation. Philosophical transactions of the Royal Society of London A: Mathematical. *Physical and Engineering Sciences, 365*(1861), 3033–3045.

Kesteloot, K., & Veugelers, R. (1995). Stable R&D cooperation with spillover. *Journal of Economics and Management, 4*, 651–672.

Legler, H., Licht, G., & Egeln, J. (2001). *Zur Technologischen Leistungsfähigkeit Deutschlands – Zusammenfassender Endbericht 2000*, Gutachten im Auftrag des Bundesministeriums für Bildung und Forschung. Bonn: BMBF.

Lissoni, F. (2001). Knowledge codification and the geography of innovation: The case of Brescia mechanical cluster. *Research Policy, 30*(9), 1479–1500.

Macwelt. (2011). Verlorener iPhone-4-Prototyp: Keine Strafe für Gizmodo, Aufgerufen am 6–8.2015. http://www.macwelt.de/news/iPhone-Verlorener-iPhone-4-Prototyp-Keine-Strafe-fuer-Gizmodo-3923075.html

Mertens, A., & Haas, A. (2006). Regionale Arbeitslosigkeit und Arbeitsplatzwechsel in Deutschland – Eine Analyse auf Kreisebene. *Jahrbuch für Regionalwissenschaft, 26*(2), 147–169.

Pippel, G. (2012). The impact of R&D collaboration networks on the performance of firms and regions: A meta-analysis of the evidence. *IWH-Diskussionspapiere*, No. 2012–14, 1–32.

Roberts, J. (2001). The drive to codify: Implications for the knowledge-based economy. *Prometheus, 9*(2), 99–115.

Saxenian, A. (1994). *Regional advantage – Culture and competition in Silicon Valley and Route 128*. Cambridge: Harvard University Press.

Saxenian, A. (2006). *The new argonauts: Regional advantage in a global economy*. Cambridge: Harvard University Press.

Schicht, M., et al. (2014). A network framework of cultural history. *Science, 345*(6196), 558–562.

Schrader, S. (1991). Informal alliances: Information trading between firms. In W. Lawless & R. Gomez-Mejia (Hrsg.), *Strategic alliances in high technology*. Greenwich: JAI Press.

Szulanski, G. (2002). *Sticky knowledge: Barriers to knowing in firms*. London: Sage.

The Wire. (2011). All the ways apple keeps secrets (That we know of). http://www.thewire.com/technology/2011/09/all-ways-apple-keeps-secrets-we-know/43170/. Zugegriffen am 06.08.2015.

Witt, U., Broekel, T., & Brenner, T. (2012). Knowledge and its economic characteristics: A conceptual clarification. In R. Arena, A. Festré, & N. Lazaric (Hrsg.), *Handbook of economics and knowledge*. Cheltenham: Edward Elgar Publishing.

Yore, L. D., Hand, B. M., & Florence, M. K. (2004). Scientists' views of science, models of writing, and science writing practices. *Journal of Research in Science Teaching, 41*(4), 338–369.

Zucker, L. G., & Darby, M. R. (2006). Movement of star scientists and engineers and high-tech firm entry. *NBER Working Paper, 12172*.Cambridge, MA: National Bureau of Economic Research.

4 Wissens-Spillover und Wissensexternalitäten

▶ **Zusammenfassung** Das Kap. 4 wendet sich der Frage zu, welche Vorteile Organisationen davon haben, in räumlicher Nähe zu anderen Organisationen lokalisiert zu sein. In diesem Zusammenhang wird diskutiert, ob es sich bei Wissen um ein sogenanntes lokales öffentliches Gut handelt und damit die Ursache für räumliche Externalitäten ist.

Lernziele

- Kennenlernen der Idee räumlicher Wissens-Spillover
- Verständnis für unterschiedliche räumliche Wissensexternalitäten
- Wissen um das Konzept der (lokalen) öffentlichen Güter und der Gründe für potenziell zu geringe private Wissensbereitstellung

4.1 Räumliche Wissens-Spillover und Externalitäten

Schon früh wurde in der Wirtschaftsgeografie und der Regionalökonomik erkannt, dass Wissen, das von einer Organisation generiert wird, auch anderen Organisationen zugutekommen kann (Marshall 1919). Wie im Kap. 3 dargestellt wurde, gibt es verschiedene Mechanismen, mittels derer Wissen von einer Organisation auf eine andere Organisation übergehen kann. Auch wurde aufgezeigt, dass einige dieser Mechanismen besser funktionieren, wenn die beteiligten Organisationen in räumlicher Nähe zueinander verortet sind.

Auf dieser Grundlage hat sich das Konzept der räumlichen Wissens-Spillover („*localized knowledge spillover*") entwickelt, das insbesondere bei der Modellierung und Analyse von Innovationsaktivitäten im Rahmen der Neuen Ökonomischen Geografie

("*New Economic Geography*") eine zentrale Rolle einnimmt. Diese Theorie, welche die Ideen der Neoklassischen Wirtschaftswissenschaften auf den geographischen Kontext überträgt stellt, wiederum die Grundlage für viele Arbeiten der aktuellen deutschen Regionalökonomik (siehe Exkurs 3) dar. Wissens-Spillover sind aber auch in anderen wirtschaftsgeographischen und regionalökonomischen Denkschulen ein wichtiges Konzept (siehe auch Kap. 8).

Exkurs 3: Neue Ökonomische Geografie, basierend auf Lammers und Stiller (2000)
Die Neue Ökonomische Geografie (NÖG) wurde insbesondere von den Arbeiten von Paul Krugman, Anthony Venables und Masahisa Fujita geprägt (vgl. Fujita et al. 1999), wovon ersterer u. a. für die Entwicklung der NÖG den Nobelpreis der Schwedischen Reichsbank im Jahr 1998 erhalten hat. Das Kernanliegen der NÖG ist es, eine Erklärung dafür zu liefern, warum ökonomische Aktivitäten im Raum ungleich verteilt sind, so dass es in einigen Regionen zur Ballung (Agglomeration) und auf der anderen Seite zur Ausdünnung von ökonomischen Aktivitäten kommt.

Im Kern baut die NÖG auf der Idee auf, dass Produktionsfaktoren (Kapital und Arbeit) geographisch mobil sind und in die Regionen wandern, in denen sie maximal entlohnt werden. Dabei wird angenommen, dass Firmen durch große (regionale) Absatzmärkte angezogen werden, da sie dort profitabler agieren können (Nachfragevorteil). Dadurch können sie die mobilen Produktionsfaktoren Kapital und Arbeit höher entlohnen (Heimmarkteffekt), was diese wiederum „anlockt". Für Arbeitskräfte sind Agglomerationen attraktiv, da sie dort viele Güter günstiger erwerben können (abhängig von Transportkosten) als an entlegeneren Orten (Kostenvorteil bzw. Preisindexeffekt). Durch den Zuzug von Firmen und mobilen Produktionsfaktoren erhöht sich die Attraktivität der Agglomeration und ein zirkulärer Prozess wird in Gang gesetzt. Diesen zentripedalen Effekten wirken allerdings zentrifugale Prozesse entgegen, die sich im sogenannten Wettbewerbseffekt niederschlagen: Durch die zunehmende Abwanderung von Firmen in der peripheren Region verringert sich dort die Wettbewerbsintensität und erlaubt den verbliebenen Firmen, dortige Produktionsfaktoren höher zu entlohnen, was diese zurück in die periphere Region lockt. Ein langfristiges Gleichgewicht der räumlichen Verteilung der wirtschaftlichen Aktivitäten stellt sich in Abhängigkeit der Transportkosten und der Stärke der drei Effekte ein.

Im Kern basiert die NÖG auf der Idee sogenannter Agglomerationsvorteile (oder Agglomerationsexternalitäten). Das bedeutet, dass wirtschaftliche Akteure Vorteile dadurch erfahren, dass sie ko-lokalisiert mit vielen anderen wirtschaftlichen Akteuren sind. Aufbauend auf diesem einfachen Grundmodell wurde die NÖG weiterentwickelt, wobei zentrale Grundannahmen wie rationale Akteure, der sofortige Ausgleich von Marktungleichgewichten und exogener technologischer Fortschritt weiterhin zentral geblieben sind.

Im Kern der räumlichen Wissens-Spillover-Argumentation steht die Idee, dass die Prozesse der Wissensgenerierung und insbesondere des Wissenstransfers zu sogenannten „*räumlichen Externalitäten*" oder räumlichen *externen Effekten* führen können (siehe Exkurs 4). Wissens-Spillover werden in diesem Kontext als nicht-marktlich abgegoltene Wissenstransfers zwischen Organisationen aufgefasst, die einen positiven Effekt auf die Wissensgenerierung der wissensempfangenen Organisationen haben. Entscheidend ist, dass die Spillover intensiver ausfallen, wenn zwei Organisationen räumliche nahe beieinander angesiedelt sind.

Das bedeutet, dass Organisationen von der räumlichen Nähe zu anderen Wissensträgern (Individuen, Organisationen, etc.) profitieren bzw. einen unentgeltlichen wirtschaftlichen Vorteil dadurch erfahren. Dieser Vorteil besteht darin, dass sie leichter, kostengünstiger und häufiger Zugang zum Wissen anderer wirtschaftlicher Akteure haben (sogenanntes externes Wissen) als Organisationen, in deren räumlicher Nähe keine oder nur wenige Wissensträger präsent sind. Der Vorteil wird umso größer ausfallen, je mehr Wissensträger in ihrer geographischer Nähe sind, d. h. wie stark sich Wissensträger in der Umgebung einer Organisation agglomerieren.

Aus diesem Grund stellen räumliche Wissensexternalitäten eine Art der räumlichen Agglomerationsvorteile bzw. Agglomerationsexternalitäten dar. Es muss jedoch beachtet werden, dass sich die räumliche Agglomeration nicht auf wirtschaftliche Aktivitäten im Allgemeinen, sondern speziell auf Wissensträger bezieht. Es ist aber faktisch fast immer so, dass die Anzahl der Wissensträger in einer Region mit dem Ausmaß an wirtschaftlicher Aktivität in einer Region positiv korreliert. Das heißt, je mehr wirtschaftliche Akteure/ Organisationen in einer Region sind, desto größer ist im Regelfall auch der regionale Wissensbestand.

Exkurs 4: Externalitäten, aufbauend auf Mankiw (2004), S. 221 f.
Ein externer Effekt (bzw. Externalität) ist die unkompensierte Auswirkung einer Entscheidung eines Wirtschaftssubjektes auf die wirtschaftlichen Aktivitäten von mindestens einem anderen Wirtschaftssubjekt. Unkompensiert bedeutet, dass weder der Verursacher dafür bezahlt noch der Empfänger des Effektes dafür einen Ausgleich erhält, d. h., dass keine Markttransaktion vorliegt.

Ein Beispiel ist die Luftverschmutzung durch eine Fabrik, die Touristen davon abhält, in der Region der Fabrik Urlaub zu machen. Die wirtschaftliche Aktivität der Produktion in der Fabrik beeinflusst hierbei (negativ) die wirtschaftlichen Aktivitäten des regionalen Tourismusgewerbes.

Externe Effekte können sowohl negativ als auch positiv sein und werden häufig auch als eine Art des Marktversagens bezeichnet.

Wissens-Spillover können drei verschiedene Arten von Agglomerationsexternalitäten begründen, die sich jeweils auf unterschiedliche Quellen der Wissens-Spillover beziehen.[1]

- Wissens-Spillover können Marshall-Externalitäten (oder MAR-Externalitäten) hervorrufen. Grundlage dieser positiven Externalität sind Wissens-Spillover, die zwischen Organisationen der gleichen Branche vorkommen. Organisationen, die mit anderen Organisationen der gleichen Branche ko-lokalisiert bzw. in relativer geographischer Nähe zueinander sind, erhalten über einige der in Kap. 3 vorgestellten verschiedenen Wissenstransfermechanismen „kostenlos" einen Zugang zum Wissen dieser Organisationen. Dieses branchenspezifische Wissen entfaltet seinen Wert insbesondere dadurch, dass es leicht zu absorbieren ist und in den Kontext der ökonomischen Aktivitäten der absorbierenden Organisationen passt, da die Wissensquelle der gleichen Branche angehört. Entsprechend handelt es sich hierbei häufig um kontext-spezifisches Spezialwissen.
- Wissens-Spillover können aber auch Jacobs-Externalitäten hervorrufen. In diesem Fall haben Wissens-Spillover ihren Ursprung in der Ko-Lokalisation einer Organisation mit vielen anderen Organisationen aus unterschiedlichen Branchen. Ausgehend von der

---

[1] Die genannten Externalitäten begründen sich allerdings nicht nur auf Wissensspillover. Es gibt weitere Gründe für ihre Entstehung. Eine Zusammenfassung findet sich in Neffke et al. (2011), Tabelle 3, auf Seite 54.

Arbeit Jane Jacobs (1969) wird angeführt, dass sich in diesem Fall die Nähe zu einer großen Vielfalt an heterogenen Wissensquellen dadurch auszahlen kann, dass Organisationen „kostenlos" von Spillovern profitieren, deren Inhalt Wissen ist, welches außerhalb ihres gewöhnlichen Aktivitätenraumes existiert.

- Die dritte Art Externalität, die in Zusammenhang mit Wissens-Spillover gebracht werden kann, sind sogenannte Urbanisierungsexternalitäten. Hierbei wird argumentiert, dass Organisationen, die in urbanen Räumen angesiedelt sind, eine höhere Wahrscheinlichkeit besitzen Wissens-Spillover zu empfangen, die von Forschungseinrichtungen, Universitäten und spezialisierten Dienstleistern ausgehen, da diese dazu tendieren, primär in Städten verortet zu sein. Das Wissen, das von diesen Quellen zu den Unternehmen „kostenlos" transferiert wird, ist daher häufig grundlagenorientiert, aber hochmodern („*state-of-the-art*").

Allen drei Externalitätenarten ist gemein, dass sie die räumliche Ko-Lokalisation bzw. räumliche Nähe zwischen Wissens-Spillover-Quelle und Wissensempfänger voraussetzen. Das bedeutet, Organisationen in größerer Entfernung zur Wissensquelle haben diesen Vorteil des kostenlosen Wissenszugangs bzw. -zuflusses nicht, da die geographische Entfernung den Wissenstransfer einschränkt oder sogar ganz verhindert (siehe Kap. 3). Die Externalitätenarten sind dabei nicht als exklusiv anzusehen, sondern können gleichzeitig präsent sein. So gibt es Agglomerationen von Organisationen der gleichen Industrie in urbanen Regionen, in denen ebenfalls viele andere Industrien präsent sind, was bedeutet, dass diese Organisationen von allen drei Externalitäten gleichzeitig profitieren.

4.2 Wissen als lokales öffentliches Gut?

Aufbauend auf der Idee der Wissens-Spillover wird in der Literatur weiter argumentiert, dass Regionen, in denen die Organisationen von einer oder mehrerer dieser Externalitäten profitieren, innovativer sind als Regionen, in denen dies nicht der Fall ist.[2] Das bedeutet, dass alle Organisationen in diesen Regionen in Summe mehr oder qualitativ hochwertigere Innovationen hervorbringen als Organisationen in anderen Regionen. Entsprechend wird das Argument der Externalitäten von der organisationalen Ebene auf die regionale Ebene übertragen.

Das Kernargument, das den räumlichen Wissens-Spillover zugrunde liegt, ist, dass Organisationen quasi kostenlos Zugang zum Wissen anderer Organisationen haben, wenn diese in hinreichender geographischer Nähe verortet sind. Damit daraus jedoch positive Externalitäten für die Gesamtpopulation von Organisationen in einer Region entstehen können, ist es entscheidend, dass der Transfer von Wissen für die Wissensquelle keine Nachteile hat bzw. diese geringer ausfallen als die Vorteile der wissenserhaltenden Organisation. In anderen Worten stellt sich damit die Frage, in wie weit technologisch-ökonomisches

---

[2] Die Konzeption und Messung von regionaler Innovativität wird hier nicht weiter diskutiert. Es wird hierzu auf Brenner und Broekel (2011) verwiesen.

Tab. 4.1 Definition von Güterarten

		Rivalität	
		Ja	Nein
Ausschließbarkeit	**Ja**	Privates Gut	Club-Gut
	Nein	Almende-Gut	Öffentliches Gut

Wissen über die Eigenschaften eines sogenannten *lokalen öffentlichen Gutes* verfügt. Öffentliche Güter werden in den Wirtschaftswissenschaften als Güter bezeichnet, bei denen Akteure nicht von der Nutzung ausgeschlossen werden können und bei denen es keine Nutzungsrivalität gibt, wenn mehrere Akteure das Gut gleichzeitig verwenden. Damit grenzt sich das öffentliche Gut von privaten, Klub- und Almende Gütern ab (siehe Tab. 4.1).

Wie zuvor ausgeführt, profitieren Organisationen nur von Wissens-Spillovern, wenn sie in räumlicher Nähe zur Wissensquelle angesiedelt sind. Das bedeutet, dass nur die räumlich nahen Organisationen in den Genuss der damit verbundenen Externalitäten kommen. Aus diesem Grund wird von einem *lokalen* öffentlichen Gut gesprochen, da Organisationen, die weiter weg sind, keinen Zugang zu diesen Wissens-Spillovern haben und damit das Kriterium der Nicht-Ausschließbarkeit in Bezug auf dieses Wissen nicht erfüllt ist.

Allerdings ist es nicht unumstritten, ob Wissens-Spillover wirklich durch Nicht-Ausschließbarkeit von (regionalen) Organisationen sowie durch Abwesenheit von Nutzungsrivalität (zwischen regionalen Organisationen) gekennzeichnet sind.

4.3 Wissen und Ausschließbarkeit

Es wird weitestgehend anerkannt, dass Wissen per se nicht durch Ausschließbarkeit im engeren Sinne gekennzeichnet ist, da Individuen und Organisationen über eine entsprechende absorptive Kapazität verfügen müssen, damit sie Wissen erlernen können. Der Aufbau dieser Kapazität ist jedoch mit Kosten verbunden (z. B. das Erlernen von Lesen, Aneignung von Fachwissen in der Schule und Universitäten). Aus diesem Grund sind prinzipiell alle Individuen und Organisationen ausgeschlossen, die diese Kosten nicht aufbringen können.

Die Wissens- und Innovationsgeografie beschäftigt sich allerdings nicht mit Wissen an sich, sondern mit einer speziellen Form, nämlich dem technologisch-ökonomischem Wissen. Weiterhin sind in entwickelten Ländern die Kosten zum Aufbau der absorptiven Kapazität im Regelfall keine Hürde für eine Organisation, da Organisationen, wenn sie nicht über die entsprechende absorptive Kapazität verfügen, ihre eigenen Mitarbeiter weiterbilden oder entsprechendes Personal einstellen können. Aus diesem Grund wird davon ausgegangen, dass dieser Grund für Ausschließbarkeit in den meisten Kontexten von geringer Relevanz ist.[3]

---

[3] Wenn es allerdings um den Wissenstransfer von entwickelten in Entwicklungsländer geht, ist dieses Argument dagegen sehr bedeutsam.

Es ist daher eher wichtig zu fragen, ob eine Organisation, die Wissen besitzt, verhindern kann, dass andere Organisationen über die in Kap. 3 vorgestellten Wissenstransfermechanismen Zugang zu diesem Wissen erlangen können. Es wurde dort argumentiert, dass die Wahrscheinlichkeit des Auftretens der meisten dieser Mechanismen durch eine positive Wirkung geographischer Nähe geprägt ist. Das rechtfertigt das Argument, dass wenn Nicht-Ausschließbarkeit bei Wissen gegeben ist, dieses eher bei räumlich nahe gelegenen Organisationen gilt. Allerdings wurde bisher noch nicht diskutiert, welche Möglichkeiten wissensbesitzende Organisationen haben, den „Abfluss" von Wissen über die verschiedenen Wissenstransfermechanismen einzuschränken oder zu verhindern. Wenn solche Möglichkeiten existieren, dann hängt letztlich auch die Stärke regionaler Wissens-Spillover entscheidend davon ab, ob diese Möglichkeiten von den regionalen Organisationen genutzt werden.

In Bezug auf die meisten Wissenstransfermechanismen sind Einschränkungsmöglichkeiten auf Seiten der Wissensquelle gegeben. So lassen sich zum Beispiel die Mobilität von Arbeitnehmern und ihre Möglichkeiten der Wissensweitergabe durch entsprechende ökonomische Anreize und der Ausgestaltung von Arbeitsverträgen einschränken. Zum Beispiel können Konkurrenzverbotsklauseln in die Arbeitsverträge eingebaut werden. Diese verbieten es Arbeitnehmern, bei direkten Konkurrenten tätig zu werden und somit ihr Wissen zum Schaden der Wissensquelle weiterzutragen. Auch kann eine Organisation Abwerbeversuche von Mitarbeitern durch attraktivere Arbeitsbedingungen abwehren. Das trifft auch auf Doktoranden/Absolventen/Praktikanten zu, allerdings ist der Wissenstransfer in diesem Fall politisch gewollt und wird daher nicht eingeschränkt.

Die Gefahr, dass Mitarbeiter in informellen Treffen Betriebsgeheimnisse weitergeben, kann über juristische Abschreckungsmaßnahmen in Arbeitsverträgen zumindest eingedämmt werden. Auch entsprechende Sicherheitsvorkehrungen wie der Schutz von Prototypen und strengste Geheimhaltung sind möglich, so dass auch dieser Mechanismus relativ gut einschränkbar ist. Forschungskooperationen beruhen in entwickelten Marktwirtschaften auf Freiwilligkeit, d. h., niemand zwingt Organisationen sich an Kooperationen zu beteiligen, bei denen es potenziell zu einer Preisgabe des eigenen Wissens kommen kann. Aus diesem Grund werden die Organisationen nur dann kooperieren, wenn die potenziellen Gewinne, die damit verbunden sind, die potenziellen Kosten des Wissenstransfers ausgleichen.[4]

Im Fall des kodifizierten Wissens ist die Sachlage etwas komplizierter. Im Prinzip ist der explizite kodifizierbare Wissensbestandteil, da er personenungebunden und leicht auf unterschiedlichen Medien (Festplatten, Papier, etc.) speicherbar ist, extrem mobil. Insbesondere die Fortschritte in der Informations- und Kommunikationstechnologie in den letzten Jahrzehnten haben es mit sich gebracht, dass kodifiziertes Wissen im

---

[4] So können direkte monetäre Zahlungen als Kompensation vereinbart werden. Firmen können sich aber auch an Kooperationen beteiligen, wenn sie davon ausgehen, dass das, was sie durch die Kooperation an neuem Wissen lernen (ob von oder mit dem Kooperationspartner zusammen ist dabei unerheblich), die Preisgabe ihres Wissens in der Kooperation hinreichend kompensiert.

4.3 Wissen und Ausschließbarkeit

Prinzip überall auf der Erde zugänglich ist. Entsprechend könnte angeführt werden, dass in Bezug auf dieses Wissen Ausschließbarkeit sogar global nicht gegeben ist, d. h., sowohl regionale aber auch alle anderen Organisationen weltweit haben Zugang zu diesem Wissen.

Dieses gilt aber nur, wenn die Wissensquelle den Zugang zum Speichermedium freigibt. So kann Wissen in Form eines elektronischen Dokuments gespeichert sein und somit prinzipiell in Sekundenschnelle von einem Ort zum nächsten gesendet werden. Wenn diese Datei allerdings verschlüsselt ist, wird den Schlüssellosen der Zugang zum Wissen vorenthalten bleiben. Ähnlich verhält es sich mit einer technischen Zeichnung, die in einem Tresor aufbewahrt wird. Das Wissen ist zwar kodifiziert, aber dennoch nicht frei zugänglich. In der Literatur wird von diesem Fall allerdings häufig abstrahiert (vgl. Witt et al. 2012).

Somit kann festgehalten werden, dass kodifiziertes Wissen nicht-ausschließbar ist, wenn jeder Zugang zum Speichermedium (Artefakt) hat. Wenn jeder unabhängig von seinem Aufenthaltsort Zugang zum Speichermedium hat, dann ist auch die Nicht-Ausschließbarkeit global gegeben. Ist der Zugang zum Speichermedium allerdings abhängig von der geographischen Distanz, dann ist die Nicht-Ausschließbarkeit abhängig von eben dieser. Eine öffentliche Bibliothek ist ein gutes Beispiel hierfür. Wenn man direkt neben dieser wohnt, ist der Zugang zu dem darin enthaltenen kodifizierten Wissen leicht und innerhalb der Öffnungszeiten jederzeit möglich. Ist die Bibliothek allerdings in einer anderen Stadt, ist der Zugang deutlich schwieriger (und teurer) zu realisieren und man ist von dem dort gespeicherten Wissen durch die große geographische Distanz „ausgeschlossen".

Allerdings gibt es Situationen, in denen das Wissen durch die Kodifizierung publik wird, d. h., durch die Kodifizierung verliert die Organisation die Kontrolle (und damit die Ausschließbarkeit) über das Wissen. Die häufigste Situation, in der dieses geschieht, ist, wenn eine Organisation durch den Gebrauch von Wissen dieses anderen Organisationen gleichzeitig frei zugänglich macht. In der heutigen Zeit spielt in diesem Zusammenhang das sogenannte Reverse-Engineering eine Rolle. Reverse-Engineering bedeutet, dass Firmen die am Markt verkauften Produkte anderer Firmen kaufen und versuchen, diese nachzubauen. Dazu zerlegen sie diese in ihre Einzelteile und „lernen" dabei, wie das Produkt hergestellt wurde. Es findet sozusagen ein impliziter Wissenstransfer vom Produzenten zu einer anderen Firma statt, die das Wissen aus dem „Artefakt" (das Produkt) erlernt. Die Herstellung des Artefakts kann dabei, als eine gewisse Art der Kodifizierung aufgefasst werden, da nicht-kodifiziertes und implizites Wissen in einem Medium (das Produkt) gebunden werden und dieses als Artefakt Wissen speichert (siehe auch Abschn. 3.2).

Reverse-Engineering bedeutet für innovative Produzenten ein Dilemma. Wenn sie ihr Produkt verkaufen, kann ein Konkurrent davon lernen, wie es hergestellt wurde, sich entsprechendes Wissen über das Produkt aneignen und im Prinzip ein Konkurrenzprodukt auf den Markt bringen. Für gewöhnlich kann er dieses auch noch günstiger anbieten, da er deutlich geringere F&E-Kosten aufbringen musste. Reverse-Engineering lässt sich letztlich nur verhindern, wenn ein Produzent sein Produkt gar nicht verkaufen würde – was aber bedeutet, dass er weder Umsatz noch Gewinn macht. In jedem Fall aber bedeutet es, dass der Produzent die bewusste Entscheidung fällt, ob er sein Produkt auf den Markt bringt und damit gleichzeitig das im Produkt gebundene Wissen, „kostenlos" preisgibt oder ob er es unterlässt. Eine hinreichende Rationalität der Produzenten vorausgesetzt, kann davon ausgegangen werden, dass ein Produzent sein Produkt nur dann auf den Markt bringen wird, wenn er sich davon einen größeren Gewinn verspricht als der Verlust durch die damit einhergehende Veröffentlichung des Wissens mit sich bringt.

Das Gleiche trifft auch auf die klassische Art des Kodifizierens zu, d. h. das Niederschreiben, wenn das Medium gleichzeitig öffentlich zugänglich gemacht wird. Zum Kodifizieren kann im Regelfall niemand gezwungen werden, sondern es wird nur geschehen, wenn es hinreichende ökonomische Anreize dafür gibt. Entsprechend hängt die Eigenschaft der Ausschließbarkeit des noch nicht kodifizierten sowie des kodifizierten (bzw. in einem Artefakt gebundenen) Wissens davon ab, ob das Artefakt für andere Personen zugänglich ist oder nicht. Offensichtlich spielt die geographische Entfernung zwischen zwei Organisationen hierbei keine entscheidende Rolle, da zum Beispiel in Bezug auf das Reverse-Engineering-Firmen die Produkte anderer Firmen weltweit kaufen können.

Wie bisher gezeigt, kann nicht pauschal davon gesprochen werden, dass bei Wissen Nicht-Ausschließbarkeit gegeben ist. So hat bei allen Wissenstransfermechanismen die Wissensquelle hinreichende Möglichkeiten, diese zu unterbinden bzw. dafür entsprechend ökonomisch kompensiert zu werden. In Bezug auf die Rolle der geographischen Nähe kann weiterhin festgestellt werden, dass sie die Häufigkeit der potenziellen Wissenstransfers beeinflusst, nicht aber das Kriterium der Ausschließbarkeit entscheidend beeinflusst.

Zusammenfassend kann festgehalten werden, dass für technologisch-ökonomisches Wissen Ausschließbarkeit in den meisten Fällen gegeben ist und räumliche Nähe für die Eigenschaft der Ausschließbarkeit eigentlich keine Rolle spielt.

Das heißt aber nicht, dass eine Wissensquelle in jedem Fall von den Möglichkeiten der Ausschließbarkeit auch Gebraucht macht. So ist die Sicherstellung der alleinigen Nutzung von Wissen im Regelfall mit Kosten verbunden. Diese können in vielen Fällen höher sein als der tatsächliche Wert des zu schützenden Wissens. Wenn solche Maßnahmen zur Sicherung der Ausschließbarkeit des Wissens unterbleiben, werden die Wissenstransfermechanismen auch dafür sorgen, dass das Wissen anderen Organisationen zugutekommt. Durch die positive Wirkung, welche die geographische Nähe auf die Frequenz und Effektivität der Mechanismen hat, wird das Wissen mit höherer Wahrscheinlichkeit zuerst den Organisationen zugänglich sein, die in geographischer Nähe zu den Wissensquellen angesiedelt sind und damit die Grundlage für die beschriebenen Externalitäten legen.

4.4 Wissen und Rivalität in der Nutzung

Damit Wissen als ein lokales öffentliches Gut eingestuft werden kann, muss auch das Kriterium der Nicht-Rivalität gegeben sein. Gerade bei kodifiziertem Wissen erscheint es logisch anzunehmen, dass eine solche Rivalität nicht besteht. Im Gegensatz zu anderen

Gütern, wie zum Beispiel zu einem Stück Brot, ist das Wissen nicht nach Gebrauch verschwunden, sondern kann von beliebig vielen Organisationen gleichzeitig weitergenutzt werden. Es wird nicht verbraucht durch Nutzung. Allerdings kommt es auf die Rivalität in der Nutzung des Wissens an, d. h., ob der Nutzen, den eine Organisation durch den Besitz und die Anwendung von bestimmtem Wissen hat, dadurch verändert wird, dass eine andere Organisation das gleiche Wissen besitzt und nutzt. Offensichtlich ist dieses durchaus in einigen Situationen gegeben. Wenn sich das Wissen zum Beispiel auf die Produktion eines bestimmten Produktes bezieht, kann eine Firma dieses Produkt als Monopol verkaufen und hohe Gewinne einfahren. Sollte eine andere Firma über das gleiche Wissen verfügen, hat sie die Möglichkeit, ein Konkurrenzprodukt auf den Markt zu bringen und somit den Gewinn der ersten Firma zu schmälern. In diesem Fall besteht eine Rivalität in der Nutzung des Wissens.

Es gibt allerdings auch den Fall, in dem der Wert des Wissens durch seine Diffusion an andere Organisationen zunimmt. In diesem Fall hat das Wissen die Eigenschaften eines sogenannten Netzwerkgutes: Es wird wertvoller, je mehr Organisationen darüber verfügen. Beispielhaft sei hier das Wissen um eine Sprache angeführt. Wenn nur eine Person die Sprache spricht, ist der Wert dieses Wissens gleich Null. Der Wert des Wissens steigt allerdings mit der Anzahl der Menschen, die ebenfalls diese Sprache sprechen, da sich Kommunikationsmöglichkeiten erhöhen.

Es lässt sich damit sagen, dass keine eindeutige Aussage getroffen werden kann, ob Rivalität in der Nutzung in Bezug auf technologisch-ökonomisches Wissen gegeben ist. In einigen Situationen ist Rivalität vorhanden, während in anderen keine Rivalität vorhanden ist und in wieder anderen der Nutzen mit zunehmender Verbreitung steigt.

Allerdings kann man annehmen, dass in der Realität zumeist Rivalität in der Nutzung des Wissens vorliegt. Ob diese Rivalität allerdings auch immer am Markt ausgetragen wird, ist eine andere Frage. Dazu muss die vom Wissenstransfer profitierende Organisation auch tatsächlich über die entsprechenden Kompetenzen verfügen, um das Wissen sofort auszunutzen und auch eine hinreichende Motivation haben, die rivalisierende Nutzung zu realisieren. Ob eine Rivalität in der Nutzung vorliegt, hängt aus diesem Grund auch davon ab, wie das Verhältnis zwischen Wissensquelle und der wissensempfangenen Organisation gestaltet ist. Wenn sie in Konkurrenz zueinander stehen, ist eindeutig Rivalität in der Nutzung etwaiger Wissenstransfers gegeben. Bei Organisationen, die ein eher partnerschaftliches Verhältnis zu einander haben (Zuliefer- oder Abnehmerbeziehungen), kann von einer Nicht-Rivalität ausgegangen werden. Das Gleiche gilt für Organisationen, die in gar keiner Beziehung zur Wissensquelle stehen.

4.5 Empirische Evidenz zu räumlichen Wissens-Spillovern

Eine Vielzahl von empirischen Studien hat sich dieses Themas angenommen und kann zeigen, dass die verschiedenen Arten von räumlichen Wissensexternalitäten ökonomisch relevant sind (siehe z. B. Anselin et al. 1997; Paci und Usai 1999; Keller 2002; Bottazi und Peri 2003).

Allerdings ist bisher nicht etabliert, wie groß die räumliche Reichweite von Wissens-Spillovern ist und welche der (MAR, Jacobs, Urbanisierung) Externalitäten relativ relevanter ist. In Bezug auf Ersteres haben Bottazzi und Peri (2003) für Europa die Wirkung von Wissens-Spillovern noch in 300 Kilometer Entfernung von Wissensquellen nachweisen können. Für die gesamte Welt findet Keller (2002) sogar noch Effekte in 1.200 Kilometer Entfernung.

> **Resümee**
>
> Im vorangegangenen Kapitel wurde herausgearbeitet, dass die verschiedenen Mechanismen des interorganisationalen Wissenstransfers eine Ursache für räumliche Externalitäten sein können. Diese bewirken, dass Organisationen, die in Regionen mit vielen anderen Organisationen angesiedelt sind, stärker freiwilligen und unfreiwilligen Wissens-Spillovern ausgesetzt sind als Organisationen in Regionen, in denen nur wenige andere Organisationen ansässig sind. Primär ist dies auf den förderlichen Einfluss der geographischen Nähe auf die Effizienz und Häufigkeit der verschiedenen Wissenstransfermechanismen zurückzuführen. Diese Externalitäten beruhen allerdings nicht darauf, dass Wissen per Definition ein sogenanntes lokales öffentliches Gut ist. Organisationen haben viele Möglichkeiten ihr Wissen geheim zu halten bzw. werden für eine Freigabe ihres Wissens ökonomisch kompensiert. Entsprechend ist das Kriterium der Nicht-Ausschließbarkeit nicht per se erfüllt. Hier ist die Motivation der Wissensquelle entscheidend, ob sie ihr Wissen frei zugänglich macht oder nicht. Das Gleiche gilt für das Kriterium der Nicht-Rivalität, das öffentliche Güter kennzeichnet. In den meisten Fällen erscheint Wissen durch eine Rivalität in der Nutzung gekennzeichnet zu sein. Ob diese allerdings ökonomisch relevant wird, hängt entscheidend von der Art des Wissens (Netzwerkgut oder privates Gut) und davon ab, welche Organisation das Wissen erhält (Konkurrent, Partner oder unbeteiligte Organisation). Es kann daher nicht abschließend festgestellt werden, ob Wissen ein lokales öffentliches Gut ist, da es auf die konkrete Situation ankommt.

> **Kontroll- und Lernfragen**
>
> - Was wird als räumliche Wissens-Spillover bezeichnet?
> - Was versteht man unter einem lokalen öffentlichen Gut?
> - Welche Arten der räumlichen Externalitäten sind mit der Wissensproduktion verbunden?
> - Welche Argumente sprechen dafür, dass es sich bei Wissen nicht um ein öffentliches Gut handelt?

Literatur

Anselin, L., Varga, A., & Acs, Z. (1997). Local geographic spillovers between University Research and high technology innovations. *Journal of Urban Economics, 42*(3), 422–448.
Bottazzi, L., & Peri, G. (2003). Innovation and spillovers in regions: Evidence from European patent data. *European Economic Review, 47*(4), 687–710.

Literatur

Brenner, T., & Broekel, T. (2011). Methodological issues in measuring innovation performance of spatial units. *Industry and Innovation, 18*(11), 7–37.

Fujita, M., Krugman, P. R., & Venables, A. J. (1999). *The spatial economy – Cities, regions, and international trade*. Cambridge: MIT Press.

Jacobs, J. (1969). *The economy of cities*. New York: Random House.

Keller, W. (2002). Geographic localization of international technology diffusion. *American Economic Review, 92*(1), 120–142.

Lammers, K., & Stiller, S. (2000). Regionalpolitische Implikationen der Neuen Ökonomischen Geographie. *HWWA Discussion Paper, 85*, Hamburg Insitute of International Economics.

Mankiw, N. G. (2004). *Grundzüge der Volkswirtschaftslehre* (3. Aufl.). Stuttgart: Schäffer-Poeschel.

Marshall, A. (1919). *Industry and trade*. London: MacMillan.

Neffke, F., Henning, M., Boschma, R., Lundquist, K.-J., & Olander, L.-O. (2011). The dynamics of agglomeration externalities along the life cycle of industries. *Regional Studies, 45*(1), 49–65.

Paci, R., & Usai, S. (1999). Externalities, knowledge spillovers, and the spatial distribution of innovation. *Geojournal, 49*, 381–390.

Witt, U., Broekel, T., & Brenner, T. (2012). Knowledge and its economic characteristics: A conceptual clarification. In R. Arena, A. Festré & N. Lazaric (Hrsg.), *Handbook of economics and knowledge*. Cheltenham: Edward Elgar Publishing.

Arten der Nähe 5

> **Zusammenfassung** Die Diskussion um die Relevanz der räumlichen Entfernung für Wissenstransfers wird in diesem Kapitel erweitert. Es werden vier weitere Arten der Nähe zwischen Organisationen präsentiert, die ebenfalls die Wahrscheinlichkeit und die Effizienz des interorganisationalen Wissenstransfers beeinflussen. Eine besondere Beachtung findet dabei die kognitive Nähe, die unter den anderen Arten der Nähe (organisatorische, institutionelle, soziale, geographische) eine Sonderrolle einnimmt.

Lernziele

- Kennenlernen des Nähe-Ansatzes bzw. des Proximity-Konzepts
- Kenntnis der fünf Arten der Nähe und ihrer Wirkung auf den Wissenstransfer und Innovationserfolg nach Boschma (2005)
- Erweiterung der Diskussion um Mechanismen der räumlichen Wissensdiffusion aus Kap. 3

5.1 Mehr als nur geographische Nähe

Die Diskussionen zur Beziehung zwischen dem geographischen Raum und der Wahrscheinlichkeit für interorganisationalen Wissenstransfers sowie dessen Effizienz in Kap. 3 haben deutlich gemacht, dass auch andere Faktoren in diesem Zusammenhang eine Rolle spielen können. Dieser Gedanke wurde insbesondere durch die französische Schule der Proximity-Dynamiken („*French school of proximity dynamics*") in den 1980er- und 1990er-Jahren aufgenommen, die sich intensiver mit der Frage beschäftigt, ob geographische Nähe alleine ausreichend ist, um den interorganisationalen Wissenstransfer zu stimulieren und zu unterstützen. Im Gegensatz zur damals weit verbreiteten Meinung wiesen die Anhänger dieser Schule darauf hin, dass auch andere Beziehungsarten zwischen Organisationen als die geographische Nähe existieren und relevant sein können (vgl. Rallet und Torre 1990; Torre und Rallet 2005). Allerdings fanden diese Arbeiten, viele davon auf Französisch, außerhalb Frankreichs weniger Beachtung. Das änderte sich durch die Arbeiten von Ron Boschma, insbesondere durch seinen Artikel „*Proximity and innovation: a critical assessment*", der 2005 veröffentlicht wurde und bis heute einer der am meisten zitierten wirtschaftsgeographischen Artikel ist. In seiner Arbeit gibt Boschma einen Überblick über die Literatur zum Thema und entwickelt eine Kategorisierung von Faktoren, welche die Häufigkeit, Effizienz und potenzielle Wirkung des Wissenstransfers zwischen Organisationen beeinflussen. Er schlägt fünf Kategorien vor, die als verschiedene *Arten der Nähe* („*types of proximities*") in der Literatur bezeichnet werden. Hierbei handelt es sich um sogenannte relationale Faktoren, d.h. Faktoren. welche die Beziehung zwischen zwei Organisationen beschreiben.[1]

Die fünf Arten der Nähe, zwischen denen Boschma (2005) unterscheidet, sind die kognitive, organisationale, soziale, institutionelle und geographische Nähe. Sie werden im Folgenden vorgestellt. Wichtig ist dabei, dass diese Arten der Nähe nur analytisch orthogonal zueinander zu verstehen sind, wobei sie in der Realität dagegen häufig stark miteinander korreliert sind (Boschma und Martin 2010). In anderen Worten, die verschiedenen Arten der Nähe können zwar einzeln und isoliert voneinander diskutiert werden, tatsächlich aber sind die Beziehungen von Organisationen durch mehrere Arten der Nähe gleichzeitig gekennzeichnet. Das liegt unter anderem daran, dass sich die Nähearten auch gegenseitig bedingen können bzw. dass sie Existenz weiterer Arten der Nähe fördern.

5.2 Kognitive Nähe

Ausgangspunkt ist die Erkenntnis, dass Organisationen nicht in jeder Situation rational handeln, sondern dass sie als beschränkt rationale Akteure verstanden werden müssen, die durch motivationale und kognitive Faktoren sowie soziale Strukturen in ihren Aktivitäten und Entscheidungsprozessen beeinflusst werden.

Das ursprüngliche Konzept der beschränkten Rationalität geht auf die Arbeiten von Herbert Simon zurück (Simon 1955, 1956, 1990), der hierfür 1978 den „Nobelpreis" für Wirtschaftswissenschaften der Schwedischen Reichsbank erhalten hat. Das Konzept wurde später unter anderem durch Daniel Kahneman und Vernon Smith weiterentwickelt, die für ihre Arbeiten auf diesem Gebiet ebenfalls den Nobelpreis für Wirtschaftswissen im Jahr 2002 erhielten (siehe auch Exkurs 5).

---

[1] Davon abgrenzen kann man *Attributfaktoren*, welche sich auf die Eigenschaften einer einzelnen Organisation beziehen. Diese stehen hier allerdings nicht im Vordergrund.

5.2 Kognitive Nähe

Im Kontext der Diskussion um die kognitive Nähe ist hier entscheidend, dass Individuen und Organisationen generell Situationen, die mit Unsicherheit behaftet sind, aus verschiedenen Gründen vermeiden wollen (siehe Broekel und Binder (2007) für eine ausführlichere Diskussion). Einer davon ist, dass Individuen im Laufe ihres Lebens gelernt haben, dass sie erfolgreicher sind, wenn sie in bekannten Situationen agieren (Heath und Tversky 1991).

Weiterhin determiniert bereits vorhandenes Wissen ihre Möglichkeiten zur Aneignung von neuem Wissen. Wie bereits in Abschn. 2.1 diskutiert, liegt dies daran, dass die Akteure in einem Wissensgebiet eine entsprechende absorptive Kapazität aufbauen, die abhängig von der Menge und Art des erlernten Wissens ist. Ein einfaches Beispiel kann dies verdeutlichen. In der universitären Lehre wird zwischen einer Grundlagenveranstaltung und einer oder mehreren „weiterführenden Veranstaltungen" unterschieden.

Beide Veranstaltungsarten werden im Curriculum so eingeplant, dass die Grundlagenveranstaltung vor der weiterführenden Veranstaltung belegt werden muss. Der Grund hierfür ist offensichtlich. Ohne die Grundlagen eines Faches zu kennen, ist es deutlich schwieriger, sich in die zumeist komplexeren Sachverhalte der weiterführenden Veranstaltung einzuarbeiten. In anderen Worten, es fehlt an absorptiver Kapazität. Cohen und Levinthal geben noch zwei weitere Beispiele hierfür (Cohen und Levinthal 1990).

- Fast alle Studenten, die neue Computerprogramme programmieren, folgen Analogien aus Beispielprogrammen und ihr Erfolg wird durch ihr Verständnis für diese determiniert.
- Studenten, die grundlegende Algebra tiefgründing verstanden haben, erlernen schwierige Differenzialrechnung (etc.) deutlich leichter.

Übertragen auf F&E-Tätigkeiten bedeutet dies, dass Organisationen leichter komplexes Wissen in einem Fachgebiet erlernen können, wenn sie bereits Erfahrungen in diesem Fachgebiet gesammelt haben, wenn sie also schon über das entsprechende Grundlagenwissen dieses Fachgebietes verfügen.

Um von anderen lernen zu können, bedarf es eines Mindestmaßes an Grundlagenwissen über Methoden, Fakten und Terminologie einer Disziplin. In anderen Worten, es muss eine hinreichende kognitive Nähe vorhanden sein. Natürlich können Wissenssegmente nicht immer ganz klar voneinander getrennt werden, da sie sich vielfach überschneiden bzw. auf verschiedene andere Gebiete aufbauen. So kommt in der Biologie z. B. viel chemisches und physikalisches Wissen zum Einsatz. Aus diesem Grund wurde das Konzept der kognitiven Distanz entwickelt. Vereinfacht ausgedrückt beschreibt die kognitive Distanz die Überschneidung zweier Wissenssegmente und damit einhergehend, ihre Ähnlichkeit und wie viele Elemente in beiden Wissenssegmenten identisch sind.

Die Ähnlichkeit von Wissenssegmenten geht häufig auf eine technologische Verwandtschaft zurück. Verwandte Wissenssegmente gehören zum gleichen übergeordneten Wissensgebiet bzw. haben sich auf der gleichen Wissensgrundlage entwickelt (z. B. anorganische und organische Chemie). Häufig wird die Ähnlichkeit bzw. Verwandtschaft von Wissenssegmenten auf die Ebene von Organisationen übertragen. In je mehr Wissens segmenten und ihren Elementen das Wissen zweier Organisationen übereinstimmt, umso näher sind sie sich in der kognitiven Dimension und desto geringer ist die kognitive Distanz zwischen ihnen. Auf die gleiche

Art und Weise kann auch von einer kognitiven Distanz zwischen einer Organisation (bzw. ihres Wissens) und einem bestimmten Wissenssegment gesprochen werden.

Eine kognitive Distanz zu einem Wissenssegment bedeutet, dass die Suche nach Problemlösungen in diesem Segment mit hohen Kosten einhergeht. So kennt jeder, der kein Informatiker ist, die Situation, dass bei der Verwendung einer Software ein Fehler auftritt, den man selber nicht beheben kann. Dies ist insbesondere dann der Fall, wenn die entsprechende Fehlernachricht unspezifisch formuliert ist (z. B. „unbekannter Fehler aufgetreten"). Für gewöhnlich fällt es dem Laien dann sehr schwer, den Fehler überhaupt so zu beschreiben, dass eine andere Person nachvollziehen kann, was eigentlich passiert ist. Noch schwieriger ist es nach einer Lösung im Internet zu suchen, da der Laie nicht die nötigen Fachbegriffe und -terminologie kennt. Neben dem Suchen fällt aber auch das Imitieren von (Experten-) Lösungsvorschlägen schwer, wenn nicht entsprechendes Grundlagenwissen vorhanden ist.

Wenn zwei Organisationen in kognitiver Nähe zueinander sind, dann ist ihre Kontaktwahrscheinlichkeit erhöht und ihr Wissensaustausch ist effizienter, als wenn sie kognitiv weit voneinander entfernt wären. Sind sie in kognitiver Nähe zueinander, dann agieren sie wahrscheinlich im gleichen Gebiet und kennen sich daher. So kennen Anbieter ähnlicher Produkte sich als Konkurrenten oder sind in den gleichen Verbänden organisiert, abonnieren die gleichen Newsletter etc. Weiterhin verfügen sie über eine ähnliche Terminologie, sind mit der gleichen Symbolik vertraut, d. h., „sie sprechen die gleiche Sprache". Entsprechend fördert kognitive Nähe nicht nur die Wahrscheinlichkeit zum Wissensaustausch, sondern auch die Effizienz der Kommunikation, was wiederum die Effizienz des Wissenstransfers erhöht.

Wie im Abschn. 2.5 diskutiert wurde, sind Innovationen häufig Wissensrekombinationen. Das bedeutet, dass komplementäre aber verschiedene Wissenssegmente durch Organisationen zusammengebracht und auf neuartige Weise rekombiniert werden. Allerdings verfügen Organisationen selten alleine über hinreichend viele komplementäre Wissenssegmente und sind somit darauf angewiesen, diese extern zu beschaffen, d. h. von jemand anderem zu erlernen. Aus diesem Grund sind Interaktionen zwischen verschiedenen Organisationen essenziell, um erfolgreich zu innovieren. Durch die steigende Spezialisierung in der arbeitsteiligen Wirtschaft wird damit auch die Notwendigkeit für Kooperationen immer größer (siehe Abschn. 2.5).

Nooteboom (2000) stellt weiterhin fest, dass es einen Zusammenhang zwischen der kognitiven Distanz zwischen zwei Wissenssegmenten bzw. zwischen zwei Organisationen gibt und dem Neuigkeitscharakter den eine Rekombination der entsprechenden Wissenssegmente ergeben kann. Dabei geht die Verbindung von Wissenssegmenten mit großer kognitiver Distanzen zueinander tendenziell mit einem hohen Neuigkeitscharakter einher. Dadurch ergibt sich ein Paradox – auf der einen Seite verringern sich Wahrscheinlichkeit und Effizienz des Wissenstransfers durch zunehmende kognitive Distanz. Auf der anderen Seite erhöht sich der erreichbare Neuigkeitscharakter des potenziell (re)-kombinierten Wissenssegments. Nooteboom (2000) spricht daher von der Existenz einer optimalen kognitiven Distanz, deren Idee in Abb. 5.1 illustriert wird.

5.2 Kognitive Nähe

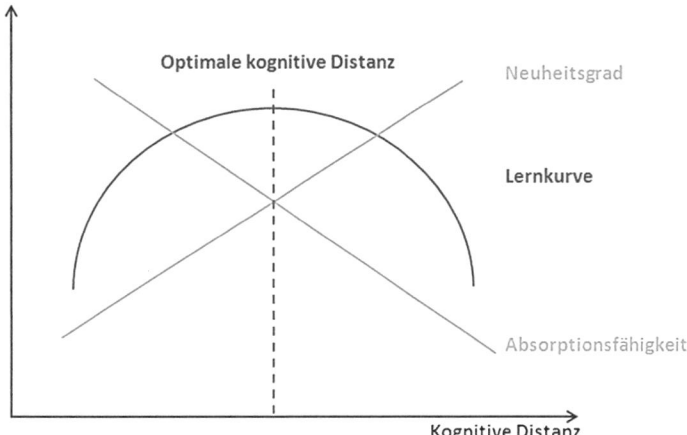

Abb. 5.1 Optimale kognitive Distanz. Quelle: Eigene Darstellung nach Nooteboom et al. (2007), S. 1018

Exkurs 5: Menschenbilder, aufbauend auf Gabler Wirtschaftslexikon (2015)
Homo economicus: Konzeption eines menschlichen Individuums als ausschließlich ökonomisch denkenden Akteur. Der Akteur verhält sich uneingeschränkt rational und maximiert seinen individuellen Nutzen (Konsumenten) und Gewinn (Produzenten). In der neoklassischen Ökonomik verfügt der Akteur über vollkommene Informationen über alle möglichen Entscheidungsalternativen und Konsequenzen (vollkommen transparente Märkte).
Homo sociologicus (social man): Konzeption eines menschlichen Individuums mit primär sozial geprägtem Verhalten. Das heißt, soziale Beziehungsgeflechte bestimmen über Normen, Werte und Erwartungen das Verhalten des Individuums. In vielen Fällen hat das Individuum nur einen geringen Einfluss auf die soziale Gruppe, die sein Verhalten belohnen oder sanktionieren kann, je nachdem ob es den Gruppennormen entspricht. Von großer Bedeutung ist die Einbettung in relativ kleine soziale Gruppe („*peer group*"), in denen das Individuum in häufigem und intensivem Kontakt mit anderen Individuen steht.
Beschränkte Rationalität: Konzeption eines Individuums nicht als Nutzenmaximierer, sondern als „*satisfizierer*" („Befriediger"). Satisfizer suchen nicht danach, ein maximales Nutzenniveau zu erreichen, sondern nur ein Niveau, welches ihrem Anspruchsniveau („*aspiration level*") genügt. Sobald das individuelle Anspruchsniveau erreicht ist, wird eine Aktivität beendet. Weiterhin ist die Rationalität des Individuums durch natürliche Kapazitätsgrenzen der Informationsaufnahme und -verarbeitung eingeschränkt.

Eine optimale kognitive Distanz ist auf der einen Seite durch eine hinreichende Überschneidung der zu kombinierenden Wissenssegmente gekennzeichnet. Dies gewährleistet, dass die beteiligten Organisationen effizient miteinander kommunizieren und voneinander lernen können. Auf der anderen Seite bleibt gleichzeitig in diesem Fall eine möglichst große kognitive Distanz gewahrt, so dass es ein genügend großes Potenzial zur Neuheit und zum gegenseitigen Lernen gibt.

Die Gefahr zu geringer kognitiver Distanzen zwischen Kooperationspartnern sollte nicht unterschätzt werden. So fördert insbesondere das Auseinandersetzen mit neuem Wissen Kreativität und Ideenreichtum. Auch kann durch regelmäßiges Erlernen von Wissen in großer kognitiver Distanz ein sogenannter *kognitiver Lock-in* vermieden werden. Kognitiver Lock-in bedeutet, dass die eigenen fixen Lernroutinen und Denkweisen den Blick auf Neues, Fremdes verhindern und eine Organisation im „eigenen Saft kocht" bzw. „betriebsblind" wird (siehe auch Abschn. 8.2). Eine solche Organisation wird auf Dauer nicht innovativ bleiben, da ihr die Möglichkeiten zur neuartigen Rekombination von Wissenssegmenten ausgehen. Es bedarf daher einer gewissen Offenheit für neues Wissen und des Blickes über den Tellerrand, um neues Wissen von außerhalb der eigenen Wissensgebiete zu gewinnen. In anderen Worten, Organisationen müssen in der Lage und willens sein, auch größere kognitive Distanzen zu überwinden (z. B., wenn sie kooperieren).

„In sum, actors need cognitive proximity in terms of a shared knowledge base in order to communicate, understand, absorb and process new information successfully. However, too much cognitive proximity may be detrimental to interactive learning. It not only decreases the potential for learning, but also it increases the risk of lock-in and the problem of undesirable spillovers to competitors" (Boschma 2005, S. 64).

5.3 Organisationale Nähe

Interaktives Lernen zwischen Organisationen hängt auch von der Fähigkeit ab, den Austausch von komplementärem Wissen zu koordinieren. Es müssen Mechanismen entwickelt werden, die diesen Austausch trotz Unsicherheiten (siehe Abschn. 3.7) ermöglichen. Organisationale Nähe beschreibt das organisatorische Arrangement zwischen zwei Organisationen in Bezug auf Macht und Kontrolle. Die Idee entspringt der Transaktionskostenökonomik, die sich mit gegenseitigen geschäftlichen oder finanziellen Abhängigkeiten beschäftigt (siehe Exkurs 6).

Das Ausmaß der organisationalen Abhängigkeiten zwischen Organisationen kann deutlich variieren. Es reicht von geringer organisationaler Nähe, d. h. kaum oder gar keiner Beziehung (z. B. on-the-spot Geschäfte und reine marktliche Transaktionen), über lose Verbindungen (z. B. gemeinsame Kooperationen) bis hin zu extrem starken Verbindungen (z. B. beide sind Teil der gleichen hierarchisch strukturierten Organisation).

Wie bereits ausgeführt sind Interaktionen zum Wissensaustausch mit Unsicherheit behaftet und bieten die Möglichkeit für opportunistisches Verhalten (*moral harzard*). Organisationale Strukturen können diesem entgegen wirken, indem sie Kontrollmechanismen bereitstellen, die z. B. helfen, Eigentumsrechte zu sichern. Damit schafft organisationale Nähe Sicherheiten und Verbindlichkeiten zwischen Organisationen, die der freie Markt (d. h. unter Abwesenheit von organisationaler Nähe) nicht oder nur zu sehr hohen Transaktionskosten bieten kann.

Ohne übergeordnete organisationale Strukturen müssen detaillierte Verträge ausgearbeitet und anschließend deren Einhaltung überwacht werden. Dabei stellt allerdings die Inflexibilität solcher fixen Verträge ein Problem dar, da gerade Innovationsprojekte schwer fassbaren Inhalts sind und in vielen Fällen kaum vorhersehbare Ergebnisse liefern. Darüber hinaus sorgen enge organisationale Beziehungen für einfache Möglichkeiten, Feedback zwischen den Partnern zu organisieren (vgl. Boschma 2005, S. 65).

Exkurs 6: Transaktionskosten, basierend auf Wirtschaftslexikon24.com (2015)
Transaktionskosten sind Kosten, die bei der Übertragung von Gütern von einem Wirtschaftssubjekt zum anderen entstehen. Dazu zählen Kosten der Transaktionsanbahnung, Vereinbarungskosten, Kontrollkosten, Anpassungs- bzw. Durchsetzungskosten.

Die Überlegungen zu Transaktionskosten gehen u. a. auf den Nobelpreisträger (1992) Ronald Coase zurück. Dieser untersuchte die Effizienz verschiedener Transaktionsformen (innerorganisatorisch und marktlich). Coase argumentiert, dass es letztlich hohe Transaktionskosten sind, welche die Existenz von Unternehmen als solche rechtfertigen, da hohe Transaktionskosten mit vielen wirtschaftlichen Austauschprozessen verbunden sind, die dazu führen würden, dass die Transaktionen nicht durchgeführt werden würden (eine Art des Marktversagens). Durch die Einbettung der an diesen Transaktionen beteiligten Akteure in eine gemeinsame übergeordnete Organisation (Unternehmung) kann dieses Problem aber gelöst werden (sogenannte Internalisierung).

Mit organisationaler Nähe können aber auch Nachteile einhergehen. So können sich organisationale Lock-ins entwickeln, wenn organisationale Strukturen eine Fixierung auf die gleichen Interaktionspartner bedingen. Bei stark asymmetrischen Machtbeziehungen kann es zu starren und hohen Abhängigkeiten kommen, welche dann zu hohen spezifischen und oftmals nicht gewinnbringenden Investitionen führen. So kann sich z. B. eine untergeordnete Geschäftseinheit nur darauf konzentrieren, das Headquarter zufrieden zu stellen, nicht aber darauf, was für die eigene Innovationsleistung relevant wäre. So sind gerade bürokratische Strukturen dafür bekannt, Neuerungen und Innovationen nicht zu fördern da diese potenziell Machtpositionen gefährden oder mit Kritik an übergeordneten Stellen einhergehen.

Um für erfolgreiches interaktives Lernen und Innovationen offen zu sein, muss daher eine gewisse organisatorische Struktur gegeben sein, die aber hinreichend flexibel und offen für Veränderungen ist.

5.4 Soziale Nähe

Alle ökonomischen Aktivitäten sind in einen sozialen Kontext eingebettet, d.h., soziale Beziehungen beeinflussen ökonomische Aktivitäten. Soziale Nähe bezieht sich auf die Stärke der sozialen Beziehung zwischen Organisationen, wobei hier die tatsächlichen sozialen Beziehungen auf der individuellen Ebene im Vordergrund stehen. Das bedeutet, soziale Nähe drückt aus, ob Individuen verwandt oder befreundet miteinander sind, ob sie nur lose miteinander bekannt sind oder ob sie sich völlig fremd sind. Mit einer engen sozialen Beziehung geht tendenziell auch Vertrauen sowie eine Tendenz zur Reziprozität einher: Ein Entgegenkommen durch ein Individuum wird durch ein Entgegenkommen des anderen Individuums erwidert. Vertrauen ist essenziell, um miteinander offen zu kommunizieren und gemeinsam Projekte zu realisieren. Damit können enge soziale Beziehungen

Transaktionskosten senken und den interorganisationalen Wissensaustausch effizienter und günstiger werden lassen, da teure marktliche Sanktionsmechanismen (z. B. Strafzahlungen) durch soziale Sanktionsmechanismen (z. B. Auflösen von Freundschaften) substituiert werden können. Ebenfalls unterstützt soziale Nähe die Offenheit und den Einsatzwillen der Individuen in gemeinsamen Projekten, da eine erfolgreiche Zusammenarbeit ihre soziale Reputation erhöhen kann.

Wie auch bei den anderen Formen der Nähe kann zu viel soziale Nähe eine hemmende Wirkung auf Innovationsprozesse und Wissensaustausch haben, insbesondere dann, wenn es sich um sehr loyale und emotionale Beziehungen handelt, wie es etwa bei Freundschaften und Verwandtschaften gegeben ist. Bei diesen Beziehungen ist es schwer, opportunistisch zu handeln, auch wenn es in manchen Fällen sinnvoller sein mag. Wie organisatorische Nähe birgt auch soziale Nähe die Gefahr eines Lock-ins auf sozial verfestigte Beziehungen, was bedeutet, dass Interaktionen primär immer wieder mit den gleichen (bekannten) Organisationen durchgeführt werden. Grabher (1993) beschreibt so einen Fall für das Ruhrgebiet.

> „Investments in the stability of interfirm relations and mutual adaptations promised to reduce transaction costs. The close intraregional relations embedded in long-standing personal connections resulted in serious shortcomings in so-called boundary-spanning functions, which are of utmost importance in scanning the economic environment and in making external information relevant for the firms" (Grabher 1993, S. 260).

Für neue Ideen sind in vielen Fällen Kontakte zu neuen Individuen nötig, was bei einer Fixierung auf bereits bestehende soziale Beziehungen unterbleibt. In der Soziologie wird darauf hingewiesen, dass es gerade nur wenig sozial unterfütterte Beziehungen sind, die sich für den Zugang zu besonders hilfreichen Informationen verantwortlich zeigen.[2]

Zusammengefasst bedeutet dies, dass genügend soziale Nähe zwischen Organisationen vorhanden sein muss, um hinreichend Vertrauen und Verbindlichkeiten zu schaffen, damit die Auswirkungen der Unsicherheit in Lern- und Innovationsprozessen reduziert werden können. Andererseits sollten sich Interaktionen nicht nur auf sozial gefestigte Beziehungen beschränken, sondern auch hinreichend lose Kontakte beinhalten.

5.5 Institutionelle Nähe

Der Begriff der Institution beschreibt Gewohnheiten, Normen, Routinen, Regeln und Gesetzen auf der Makro-Ebene, welche die Beziehungen zwischen Individuen in größeren Gruppen und Gemeinwesen regeln. Die institutionalisierten Regeln eines Gemeinwesens können informell sein, wie kulturelle Gewohnheiten und Bräuche, oder formell, wie Gesetze und Regeln (Bathelt und Glückler 2012, S. 29 f.). Dazu gehören auch die Beziehungen zwischen Individuen und Institutionen auf einer übergeordneten Ebene wie z. B. dem Staat.

---

[2] In der Soziologie wird in diesem Zusammenhang zwischen sogenannten „strong ties" (starke soziale Beziehungen) und „weak ties" (schwache soziale Beziehungen) unterschieden (vgl. Granovetter 1973).

Beide Formen institutioneller Nähe (formell und informell) können förderlich für Lern-, Wissensaustausch- und Innovationsprozesse sein. Bekannte und geteilte institutionelle Regeln sorgen für die effiziente Anbahnung und Durchführung von Wissenstransfers. Formalisierte Regeln (z. B. Gesetze) geben verbindliche Sicherheiten bei Kooperations- und Innovationsprozessen, was insbesondere in Anbetracht der *moral harzard*-Problematik von Relevanz ist (siehe Abschn. 3.7). Entsprechend können durch Institutionen stabile Bedingungen für interaktives Lernen, Wissensaustausch und Innovationen geschaffen werden (vgl. Boschma 2005, S. 68).

Mit zu viel institutioneller Nähe können aber auch negative Effekte einhergehen. Ein zu starres System an Institutionen verhindert mögliche Innovationen, da oftmals zu ihrer Durchsetzung eine Veränderung des Systems nötig ist. Einem starren Institutionengeflecht fehlen die Spielräume, um neue Institutionen zu schaffen, die zu den durch die Innovation veränderten Rahmenbedingungen passen. Das gilt insbesondere für formalisierte Institutionen.

Das heißt, ein gutes institutionelles System muss stabil sein, um Unsicherheiten und Opportunismus auszugleichen. Es muss aber auch offen genug sein, um Newcomern Platz zu bieten und hinreichend flexibel um neue oder veränderte Institutionen zuzulassen (vgl. Boschma 2005, S. 68).

5.6 Geographische Nähe

Geographische Nähe ist definiert als die räumliche oder physische Distanz zwischen Organisationen. Diese kann relativ, in Zeit bzw. Kosten oder absolut, als Entfernung, gemessen werden. Wie bereits ausführlich in Kap. 3 diskutiert gilt, dass viele Wissenstransfermechanismen von geographischer Nähe zwischen den beteiligten Organisationen profitieren. Allerdings geht ein Großteil dieser Wirkung auf die gleichzeitige Existenz anderer Arten der Nähe zurück (Boschma 2005).

Broekel und Binder (2007) argumentieren jedoch, dass es einen von anderen Arten der Nähe unabhängigen Weg gibt, wie geographische Nähe zumindest auf die Wahrscheinlichkeit des Wissenstransfers zwischen Organisationen wirken kann.

Sie führen an, dass es bei der gewollten und zielgerichteten Suche nach neuem Wissen, durch die inhärente Räumlichkeit des menschlichen Handels, zu einem Ungleichgewicht der Suchergebnisse zugunsten geographisch naher und zuungunsten geographisch ferner Wissensquellen kommen kann. Der Grund dafür ist, dass Individuen beschränkt rational sind (siehe Exkurs 5) und daher bei der Wissenssuche, als Entscheidungssituationen unter Unsicherheit, auf Heuristiken zurückgreifen und von motivationalen Faktoren beeinflusst werden. Eine wichtige Heuristik ist in diesem Zusammenhang die Erreichbarkeits- und Repräsentativitäts-Heuristik.[3] Diese besagt, dass sich Individuen zuerst an Dinge erinnern, die in kürzerer assoziativer Distanz liegen. Diese assoziative Distanz zu bestimmten

---
[3] Broekel und Binder (2007) diskutieren noch weitere Heuristiken, die hier aber aus Platzgründen nicht vorgestellt werden.

Sachverhalten schrumpft, wenn Individuen häufig und erst vor kurzem mit ihnen konfrontiert worden sind. Das trifft auch auf Wissensquellen zu. Die Frequenz, mit der Wissensquellen wahrgenommen werden sowie die Zeit, seit wann dies das letzte Mal passiert ist, wird in vielen Fällen negativ durch die geographische Entfernung zu ihr beeinflusst. So sind regionale (potenzielle) Wissensquellen präsenter im Kopf und werden demnach mit höherer Wahrscheinlichkeit bei der Wissenssuche berücksichtigt. Wer täglich an einer Hochschule vorbei fährt, wird mit höherer Wahrscheinlich erst einmal dort nach Expertenwissen suchen, obwohl vielleicht die entsprechenden Fachexperten an einer anderen, weiter entfernten Universität kompetenter wären.

In Bezug auf motivationale Faktoren kann festgestellt werden, dass Individuen ein Bedürfnis nach Kontrolle haben und unklare Situationen vermeiden. Sie präferieren vertraute und bekannte Situationen. Dies ist in ihrer Heimatregion natürlicherweise stärker gegeben als in fremden Regionen. So schafft die Vertrautheit eines bekannten Supermarktes eine starke Motivation, diesen immer wieder aufzusuchen, unabhängig davon, ob dieser seine Produkte zu den günstigsten Preisen anbietet. Das gilt genauso für Wissensquellen (Experten, Bibliotheken, Kooperationspartner, etc.).

Motivationale Faktoren und Heuristiken werden durch positive Erfahrungen verstärkt, so dass sie die Grundlage für selbst-verstärkende Prozesse legen können: Je häufiger sich regionale Wissensquellen in der Vergangenheit als hilfreich herausgestellt haben, desto höher ist die Wahrscheinlichkeit, dass sie bei zukünftigem Wissenssuchen zuerst berücksichtigt werden. Dieser Mechanismus kann erklären, warum geographische Entfernung die Wahrscheinlichkeit für einen Wissenstransfer verringert.

Darüber hinaus senkt geographische Nähe die Transportkosten, die bei Kooperationen und der räumlichen Mobilität von Individuen eine Rolle spielen können. Sie erhöht auch die Wahrscheinlichkeit für zufällige Treffen, wie sie zum Beispiel beim informellen Wissenstransfer eine Rolle spielen (siehe Kap. 3). Dazu gehört auch, dass Organisationen, die einander räumliche nahe sind, eher von dem profitieren können, was in der Literatur als „*local buzz*" bezeichnet wird. Das sind Wissens-Spillover, die in Form von lokalen Zeitungen, Gerüchten und dem „Buschfunk" ausgetauscht werden. Inwieweit dies für technologisch-ökonomisch relevantes Wissen gilt, ist allerdings umstritten.

Neben diesen positiven Effekten kann die geographische Nähe aber auch zu einer Gefahr werden, wenn sich Organisationen fast ausschließlich auf regionale Wissensquellen konzentrieren. Dies wird als sogenannter regionaler *Lock-in* bezeichnet. Ein regionaler Lock-in bedeutet, dass Organisationen nur noch die Entwicklungen innerhalb der eigenen Region im Blick haben und insbesondere technologische Entwicklungen, die außerhalb stattfinden, ignorieren oder übersehen. In seinem Artikel zeigt Grabher (1993), dass dies z. B. im Ruhrgebiet in den 1970er-Jahren geschehen ist.

„The close intraregional interdependence, which is what constituted the coal, iron, and steel complex, had disastrous long-term consequences for the regions' adaptability" (Grabher 1993, S. 260).

> „The close intraregional relations embedded in long-standing personal connections resulted in serious shortcomings in so-called boundary-spanning functions, which are of utmost importance in scanning the economic environment and in making external information relevant for the firm" (Grabher 1993, S. 260).

Solch ein regionaler Lock-in kann verhindern, dass Regionen erfolgreich und rechtzeitig den Strukturwandel einleiten. Allerdings ist die geographische Nähe nie alleine für solche Entwicklungen verantwortlich. Es kommt vielmehr auf ein Zusammenspiel verschiedener Arten der Nähe an (Grabher 1993; Boschma 2005).

5.7 Beziehungen zwischen den Nähearten

Wie eingangs erwähnt können die verschiedenen Nähearten nur selten so klar voneinander getrennt werden, wie es hier geschehen ist. Die Nähearten treten nicht nur gemeinsam auf, sie bedingen häufig auch einander. Betrachtet man das Zusammenspiel der kognitiven mit der geographischen Nähe, lässt sich das Beispiel eines Clusters heranziehen (siehe Exkurs 7). In einem Cluster gibt es viele Firmen mit ähnlichen Fähigkeiten, die sich daher kognitiv nahe sind. Generell ist daher davon auszugehen, dass sich neues Wissen mittels der in Kap. 3 vorgestellten Wissenstransfermechanismen schnell zwischen ihnen verbreitet (vgl. Boschma 2005, S. 64). Allerdings fallen in diesem Fall zwei Nähearten zusammen: die kognitive (Agglomeration von Unternehmen der gleichen Branche) und die geographische Nähe (Standorte innerhalb der gleichen Region). Herauszufinden, welche Näheart entscheidender für den Innovationserfolg der Firmen im Cluster ist, ist in diesen Situationen kaum möglich.

Solche Korrelationen zwischen Nähearten sind auch bei anderen Nähepaaren häufig anzutreffen. So fällt geographische Nähe oft mit sozialer Nähe zusammen, da für die Etablierung und das Aufrechterhalten von sozialen Beziehungen geographische Nähe (insbesondere persönliche Kontakte) förderlich ist. Kognitive Nähe hilft ebenfalls bei der Etablierung von sozialen Beziehungen.

Exkurs 7: Cluster, basierend auf Gabler Wirtschaftslexikon (2015)
Unter einem Cluster versteht man eine räumliche Konzentration von Unternehmen des gleichen Wirtschaftszweiges, die miteinander interagieren. Die Interkationen können sich dabei auf intensive Zulieferer und Abnehmerbeziehungen aber auch Wissensaustauschaktivitäten beziehen. Die hohe Intensität von Interaktionen differenziert ein Cluster von einer reinen industriellen Agglomeration. Neben Unternehmen können auch andere Organisationen wie z. B. Hochschulen, Forschungsinstitute, Verbände und Behörden Teil des Clusters sein. Einem Standort innerhalb eines Cluster werden positive Effekte auf den Innovations- und ökonomischen Erfolg von Unternehmen zugeschrieben.

Die organisatorische Nähe ist mit der institutionellen Nähe stark verbunden. So gelten für Organisationen mit starken organisationalen Beziehungen (z. B. Teil der gleichen übergeordneten Organisation) für gewöhnlich auch die gleichen institutionellen Regeln. Ein anderes Beispiel ist, dass es in Märkten, in denen es keine starken Institutionen gibt, die

Eigentumsrechte sichern, oft soziale Nähe ist, die dieses Fehlen kompensiert. So ersetzen in Ländern mit schwachen Regierungen in vielen Fällen soziale Gefüge das Machtvakuum.

Insgesamt bedeutet dies, dass viele Nähearten miteinander korreliert sind, d. h., ist Nähe in einer Dimension vorhanden, ist dies auch häufig für mindestens eine weitere Näheart gegeben.

Weiterhin sollte angemerkt werden, dass die verschiedenen Arten der Nähe nicht statisch, sondern dynamisch zu verstehen sind. Wenn zwei Individuen häufig miteinander interagieren, um Wissen auszutauschen, dann vertieft sich im Regelfall auch ihre soziale Beziehung. Solche gleichläufige Entwicklung von Nähearten wird auch als Co-Evolution von Nähearten verstanden (vgl. Broekel 2015).

In den obigen Ausführungen wurde deutlich, dass alle Arten der Nähe die Wahrscheinlichkeit und die Effizienz des interorganisationalen Wissenstransfers fördern können. Auch können Nähearten miteinander substituiert werden. Das bedeutet, dass das Fehlen einer Näheart durch die Existenz einer anderen Näheart ersetzt werden kann. So wurde argumentiert, dass geographische Nähe wichtig ist, um eine Wissenstransferbeziehung aufrechtzuerhalten. Sie gewährleistet, dass regelmäßige Treffen stattfinden und dass Transaktions- und Transportkosten überschaubar bleiben. All dies ist aber nicht notwendig, wenn die am Transfer beteiligten Organisationen enge soziale Beziehungen zueinander unterhalten. In diesem Fall vertrauen sie sich und können antizipieren, wie sich die andere Organisation verhalten wird. Entsprechend werden wichtige Funktionen, welche die geographische Nähe bereitstellt, durch die soziale Nähe übernommen. Ähnliches gilt auch für andere Paare von Nähearten.

In diesem Zusammenhang spielt die kognitive Nähe eine Sonderrolle, denn sie kann nicht durch andere Arten der Nähe vollständig substituiert werden. Der Grund hierfür ist, dass die kognitive Nähe festlegt, ob es überhaupt zu einem Wissenstransfer kommen kann. Wenn eine Organisation nicht über eine hinreichende absorptive Kapazität verfügt und dementsprechend die kognitive Distanz zu einer anderen Organisation zu groß ist, dann kann es nicht zu einem Wissenstransfer zwischen diesen Organisationen kommen, egal wie die anderen Arten der Nähe ausgeprägt sind.

Eine weitere Sonderrolle der kognitive Nähe ergibt sich daraus, dass sie das Innovations- und Lernpotenzial definiert, das mit einem Wissenstransfer einhergeht (siehe Abschn. 5.2). Daraus lässt sich auch ableiten, dass Organisationen sich in Bezug auf die kognitive Nähe in einem Dilemma befinden. Zum einen erhöht die kognitive Nähe die Wahrscheinlichkeit und Effizienz des Wissensaustausches mit anderen Organisationen. Organisationen, deren Wissensprofil dem eigenen stark ähnelt, sind angenehme Kooperationspartner, da sie einen verwandten Wissenshintergrund haben und somit mit den gleichen technologisch-ökonomischen Problemen, Fragestellungen und potenziellen Lösungen vertraut sind. Auch fällt die Kommunikation leicht, da beiden Organisationen das Fachvokabular vertraut ist. Zum anderen ist aber die Wahrscheinlich, dass gemeinsam mit diesen kognitiv nahen Organisationen etwas wirklich Neues entwickelt werden kann, eher gering, da es kaum etwas gibt, was die beiden Organisationen voneinander lernen können. Dies kommt im sogenanntes Nähe-Paradox („*proximity-paradox*") zum Ausdruck (Broekel und Boschma 2012). Nähe erhöht die

Wahrscheinlichkeit und Effizienz des Wissenstransfers, senkt aber zugleich das Lern- und Neuheitspotenzial, das eine Verbindung des Wissens zweier Organisationen erlaubt. Dass es sich hierbei nicht nur um eine theoretische Überlegung handelt, zeigen Broekel und Boschma (2012) anhand des niederländischen Flugzeugbaus. Für die Firmen dieser Industrie können sie nachweisen, dass alle Nähearten (bis auf organisatorische Nähe) die Wahrscheinlichkeit des interorganisationalen Wissenstransfers erhöhen. Gleichzeitig haben Firmen, die primär mit technologisch sehr ähnlichen oder sehr unähnlichen Firmen Wissen austauschen, eine geringere Innovationsleistung als solche, deren Wissensaustauschpartner eine moderate technologische Ähnlichkeit aufweisen.

Diese Ergebnisse stimmen mit denen einer ständig zunehmenden Reihe von empirischen Studien überein. Sie zeigen, dass alle fünf Nähearten[4] eine gewichtige Rolle bei der Entstehung von interorganisationalen Wissenstransfers sowie für den Innovationserfolg von interaktiven F&E-Aktivitäten spielen (Cantner und Meder 2007; Ponds et al. 2007; Broekel und Hartog 2013; Balland 2011; Broekel und Boschma 2012; Ter Wal 2014).

Resümee

In diesem Kapitel wurde aufgezeigt, dass räumliche Nähe nicht die einzige Art der Nähe ist, welche die Wahrscheinlichkeit und die Effizienz des Wissenstransfers zwischen Organisationen beeinflusst. Insbesondere vier weitere Nähearten haben eine vergleichbare Wirkung. Dabei handelt es sich um die kognitive, die organisationale, die soziale und die institutionelle Nähe. Wenn eine oder mehrere dieser vier Nähearten zwischen Organisationen vorhanden sind, dann profitieren die Organisationen davon, dass bestimmte Kosten bzw. Hindernisse, die mit dem Wissensaustausch verbunden sind, geringer ausfallen, als wenn keine Nähe vorhanden ist. Dabei sind die verschiedenen Arten der Nähe grundsätzlich gegeneinander substituierbar.

Weiter wurde beschrieben, dass der kognitiven Nähe eine Sonderrolle unter den Nähearten zukommt, da sie im Gegensatz zu den anderen Arten der Nähe nicht nur auf die Wissenstransferwahrscheinlichkeit und -effizienz wirkt, sondern zusätzlich auch noch definiert, wie erfolgsversprechend der Wissenstransfer ausfallen kann.

Das Kapitel zeigt somit, dass die Wissensdiffusion im geographischen Raum nicht allein durch die geografische Entfernung zwischen Organisationen erklärt werden kann. Um die räumliche Verbreitung von Wissen und Innovationen zu verstehen muss, die Einbettung der Organisationen in weitere nicht-geografische Strukturen berücksichtigt werden. Insbesondere die technologischen Profile von Organisationen und Regionen beeinflussen ihren Zugang zu neuem Wissen, das an anderen Orten entstanden ist. Das Konzept der Nähearten hilft damit insbesondere dabei, Prozesse des Wissenstransfers im Raum (Kap. 3) präziser zu strukturieren, zu systematisieren und zu analysieren.

---

[4] Neben den fünf Nähearten gibt es noch weitere, die allerdings nicht unumstritten sind und deshalb hier nicht weiter diskutiert werden.

Lern- und Kontrollfragen

- Welche Arten der Nähe gibt es?
- Warum sind große kognitive Entfernungen nicht per se negativ?
- Welche Mechanismen sind dafür verantwortlich, dass geografische Nähe unabhängig von anderen Nähearten die Wahrscheinlichkeit des Wissensaustausches erhöht?
- Wodurch zeichnet sich die kognitive Nähe gegenüber anderen Arten der Nähe aus?
- Was versteht man unter dem Nähe-Paradox?
- Welche politischen Implikationen ergeben sich aus dem Nähe-Paradox?

Literatur

Balland, P.-A. (2011). Proximity and the evolution of collaborative networks: Evidence from R&D projects within the GNSS industry. *Regional Studies, 46*(6), 741–756.
Bathelt, H., & Glückler, J. (2012). *Wirtschaftsgeographie*. Stuttgart: Ulmer.
Boschma, R. A. (2005). Proximity and innovation: A critical assessment. *Regional Studies, 39*(1), 61–74.
Boschma, R. A., & Martin, R. (2010). The aims and scope of evolutionary economic geography. In R. A. Boschma & R. Martin (Hrsg.), *Handbook of evolutionary economic geography*. Cheltenham/Northampton: Edward Elgar.
Broekel, T. (2015). The co-evolution of proximities – A network level study. *Regional Studies, 49*(6), 921–935.
Broekel, T., & Binder, M. (2007). The regional dimension of knowledge transfers – A behavioral approach. *Industry and Innovation, 14*(2), 151–175.
Broekel, T., & Boschma, R. (2012). Knowledge networks in the dutch aviation industry – The proximity paradox. *Journal of Economic Geography, 12*(2), 409–433.
Broekel, T., & Hartog, M. (2013). Explaining the structure of inter-organizational networks using exponential random graph models. *Industry and Innovation, 20*(3), 277–295.
Cantner, U., & Meder, A. (2007). Technological proximity and the choice of cooperation partners. *Journal of Economic Interaction and Coordination, 2*(1), 45–65.
Cohen, W. M., & Levinthal, D. A. (1990). Absorptive capacity: A new perspective on learning and innovation. *Administrative Science Quarterly, 35*(1), 128–152.
Gabler Wirtschaftslexikon. (2015). http://wirtschaftslexikon.gabler.de. Zugegriffen am 23.09.2015.
Grabher, G. (1993). The weakness of strong ties: The lock-in of regional development in the Ruhr area. In G. Grabher (Hrsg.), *The embedded firm – On the socioeconomics of industrial networks* (S. 255–277). London/New York: Routledge. Reprinted in 1994.
Granovetter, M. S. (1973). The strenght of weak ties. *American Journal of Sociology, 78*(6), 1360–1380.
Heath, C., & Tversky, A. (1991). Preference and belief: Ambiguity and competence in choice under uncertainty. *Journal of Risk and Uncertainty, 4*, 5–28.
Nooteboom, B. (2000). *Learning and innovation in organizations and economics*. Oxford: Oxford University Press.
Nooteboom, B., et al. (2007). Optimal cognitive distance and absorptive capacity. *Research Policy, 36*, 1016–1034.
Ponds, R., van Oort, F., & Frenken, K. (2007). The geographical and institutional proximity of research collaboration. *Papers in Regional Science, 86*(3), 423–443.

Rallet, A., & Torre, A. (1990). Is geographical proximity necessary in the innovation networks in the era of global economy? *GeoJournal, 49*, 373–380.

Simon, H. A. (1955). A behavioral model of rational choice. *The Quarterly Journal of Economics, 69*(1), 99–118.

Simon, H. A. (1956). Rational choice and the structure of the environment. *Psychological Review, 63*(2), 129–138.

Simon, H. A. (1990). Invariants of human behavior. *Annual Review of Psychology, 41*, 1–19.

Torre, A., & Rallet, A. (2005). Proximity and localization. *Regional Studies, 39*, 47–59.

Wal, T. (2014). The dynamics of the inventor network in German biotechnology: Geographic proximity versus triadic closure. *Journal of Economic Geography, 14*(3), 589–620.

Wirtschaftslexikon24.com. (2015). Transaktionskosten. http://www.wirtschaftslexikon24.com/d/transaktionskosten/transaktionskosten.htm. Zugegriffen am 23.09.2015.

Politische Unterstützung der Innovationsgenerierung

6

> **Zusammenfassung** Im Kap. 6 werden zwei Möglichkeiten vorgestellt, wie die Wirtschaftspolitik Innovationsgenerierung unterstützt. Dazu gehören das Patentrecht, das ein Problem bei der Aneignung der ökonomischen Rendite von Innovationen löst, und die öffentlich finanzierten Forschungs- und Entwicklungskapazitäten (Hochschulen, Forschungsinstitute). In Bezug auf Letztere erfolgt ein Überblick über die öffentliche Forschungslandschaft Deutschlands mit besonderer Berücksichtigung der Hochschulen, der außeruniversitären Forschungseinrichtungen sowie der Projektförderung des BMBF.

Lernziele

- Kennenlernen einiger Möglichkeiten des Staates zur Förderung von Innovationsaktivitäten
- Kenntnisse über die Hintergründe des Patentrechts
- Einblick in die Forschungslandschaft Deutschlands
- Grundverständnis für die Projektförderung des BMBF

6.1 Patentrecht

In vielen Fällen geht mit der Nutzung einer Innovation auch deren „Veröffentlichung" einher. Das Beispiel des Reverse-Engineerings macht dies besonders gut deutlich (siehe auch Abschn. 3.2). Durch den Verkauf eines neuen Produktes wird es anderen zugänglich gemacht und ermöglicht so, dass diese sich Teile des Wissens, das in die Herstellung des

Produktes geflossen ist, „kostenlos" aneignen können. Aus diesem Grund kann in vielen Fällen die ökonomische Kompensation, die eine Organisation durch die Veröffentlichung ihres Wissens (zum Beispiel durch den Verkauf eines neuen Produktes) vom Markt erhält, geringer sein als die Aufwendungen, die in die Erstellung des Wissens geflossen sind (Kosten für Forschung- und Entwicklungstätigkeiten). Unter diesen Bedingungen ist es nicht unwahrscheinlich, dass die Organisation auf die Veröffentlichung und, wenn sie dieses voraussieht, eventuell sogar auf die Entwicklung des Wissens von vornhinein ganz verzichtet. Aus gesellschaftlicher Sicht ist solche Situation natürlich nicht optimal, da die Produktion des neuen Produktes sowie die Erforschung des dafür benötigten Wissens unterbleibt. Ein gutes Beispiel für so eine Situation sind biologische oder chemische Arzneimittel. Oftmals hängt die Wirkung einer Pille von der Wahl und dem Mischungsverhältnis der enthaltenen chemischen Stoffe ab. Dieses lässt sich aber aus der am Markt erhältlichen Pille extrahieren. Die Pille kann somit kopiert und einfach nachproduziert werden, ohne dass die kopierende Organisation große eigene F&E-Aktivitäten dafür durchführen muss. Die hierdurch eingesparten Kosten kann dann als Preisnachlass auf das Produkt gewährt werden und die Pille günstiger angeboten werden, als es der Erfinder der Pille kann, da dieser seine F&E-Kosten refinanzieren muss. Mit anderen Worten, der Erfinder würde durch die Erfindung einen Verlust erleiden. In Antizipation dieser Situation unterlässt er die Entwicklung der Pille von Anfang an.

Um solche Situation zu vermeiden, wurde das Patentrecht eingeführt. Das Patentrecht regelt die gewerblichen Schutzrechte für Erfindungen. Das heißt, dass Organisationen für ein Produkt[1] einen Patentschutz beantragen können. Der Antrag wird durch die zuständige Institution (in Deutschland das *Patent- und Markenamt*) überprüft. Wenn dem Antrag stattgegeben wird, dann gewährt der Staat der Organisationen den Schutz ihres geistigen Eigentums. Es bedeutet, dass das nun patentierte Produkt nicht baugleich von einer anderen Organisation als dem Patentinhaber innerhalb des Staatsgebietes vertrieben werden darf.[2] Bei Zuwiderhandlungen kann der Patentinhaber Unterlassungs- und Entschädigungsforderungen geltend machen.

Nach § 1 Abs. 1 des Patentgesetzes werden drei Kriterien bei der Einschätzung der Patentierbarkeit von Erfindungen berücksichtigt:

- Grad der Neuheit,
- Erfinderische Tätigkeit als Grundlage
- Gewerbliche Anwendbarkeit.

Sollten die drei Kriterien erfüllt sein (die Überprüfung erfolgt durch Patentanwälte und Fachgutachter), kann ein Patentschutz für einige Jahre gewährt werden, der dem Patentinhaber eine Monopolstellung beim Vertrieb des Produktes und entsprechende Monopolgewinne sichert. Neben den Patentierungskosten, die im Regelfall ein paar tausend

---

[1] Es können ebenso Gebrauchs- und Geschmacksmuster geschützt werden.
[2] Im Zuge der Europäischen Einigung wurde das Europäische Patentamt geschaffen, das viele Aufgaben des Deutschen Patent- und Markenamtes übernommen hat.

Euro betragen,[3] verlangt das Gesetz allerdings auch die Offenlegung der Erfindung. Das heißt, dass im Patent die genaue Spezifikation der Erfindung so niedergeschrieben wird, dass ein Nachbau aufbauend auf diesen Angaben im Prinzip möglich ist. Damit sichert der Staat, dass die Erfindung Teil des öffentlich zugänglichen Wissens wird, da jeder das Patent einsehen kann. In anderen Worten, als Preis für den Patentschutz eines Produktes verlangt der Staat die Veröffentlichung des Wissens hinter dem Produkt, um auf diese Weise den technologischen Fortschritt anzuregen. Die Organisation muss damit abwägen, ob sie ihre Erfindung mittels des Patentes schützt und das damit verbundene Wissen offenlegt oder ob sie alternative Verfahren zum Schutz ihres geistigen Eigentums verwendet (zum Beispiel Geheimhaltung).

6.2 Aktive Förderung von Forschungs- und Entwicklungsaktivitäten

Wissens-Spillover können für Organisationen einen Anreiz darstellen, weniger in Forschung und Entwicklung zu investieren, da sie das von ihnen generierte Wissen nicht vollständig verwerten können (siehe auch Abschn. 4.3). Aus gesellschaftlicher Sicht wären aber höhere F&E-Ausgaben wünschenswert, um die Vorteile des technologischen Fortschritts schnell nutzen zu können. Weiterhin ist gerade Grundlagenwissen dadurch gekennzeichnet, dass es häufig keine Möglichkeiten zur direkten ökonomischen Verwertung bietet. Dazu müsste es erst zu anwendungsorientiertem Wissen weiterentwickelt werden, was allerdings weitere F&E-Aktivitäten beinhaltet (siehe Abb. 2.1). Auch ist es im Fall von Grundlagenwissen nicht immer sicher, ob es wirklich zu zukünftigen ökonomisch verwertbaren Innovationen führt, über die die Forschungskosten refinanziert werden können. Aus diesem Grund haben Firmen tendenziell weniger Interesse an der Grundlagenforschung und konzentrieren sich stärker auf anwendungsorientierte Bereiche, in denen die Erfolge klarer, zeitlich näher und die marktliche Verwertbarkeit sicherer ist. Allerdings bietet Grundlagenwissen aber auch ein größeres Potenzial für radikale Innovationen, da es häufig mit der Erschaffung neuer Wissensgebiete einhergeht (siehe auch Abschn. 2.4).

Aus diesen Gründen fördert der Staat auch Forschung und Entwicklungsaktivitäten (neben dem Patentschutz), in dem er die Kosten, die mit diesen Aktivitäten verbunden sind, senkt. Um das zu erreichen, nutzt er primär zwei Möglichkeiten:

- Bereitstellung öffentlicher F&E-Kapazitäten
- Subventionierung privater F&E-Aktivitäten

Die Bereitstellung öffentlicher F&E-Kapazitäten umfasst die teilweise oder vollständige Finanzierung von Hochschulen und Forschungsorganisationen (siehe Abb. 6.1). In vielen

---

[3] Die Kosten hängen von einer Reihe von Faktoren ab, z. B. von der Komplexität der Erfindung, der Einschätzung der Gutachter, der Laufzeit des Patentschutzes, der Aggressivität der Wettbewerber.

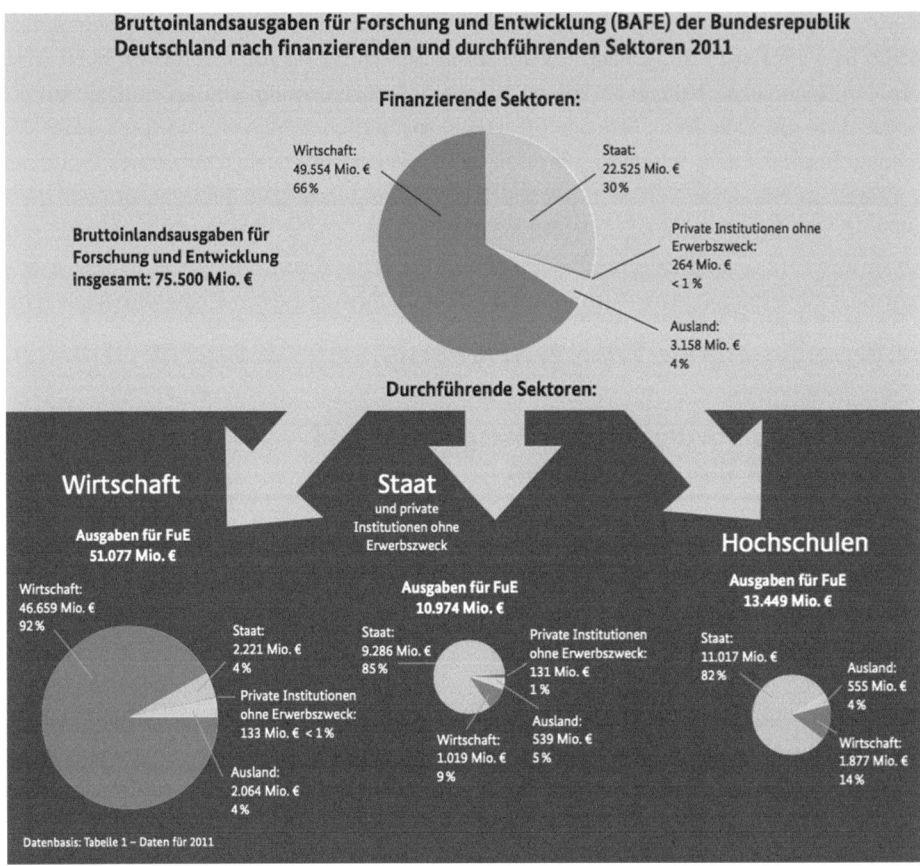

Abb. 6.1 Forschungsausgaben in Deutschland nach Mittelherkunft 2014. Quelle: BMBF (2014), S. 46

Fällen (aber nicht ausschließlich) sind diese Kapazitäten auf die Generierung von Grundlagenwissen ausgerichtet, da diesbezüglich die private Bereitstellung als besonders unzureichend angesehen wird.

Hochschulen spielen nicht nur eine wichtige Rolle als „Produzenten" von Humankapital, sie stellen auch bedeutende Forschungskapazitäten dar. Sie zeichnet aus, dass sie stark auf die Diffusion von Wissen ausgelegt sind. Die Ergebnisse der Forschung an Hochschulen sind im Regelfall kodifiziert und frei zugänglich. Entsprechend ist der Wissenstransfermechanismus über die Wissenskodifizierung, der in Abschn. 3.2 beschrieben wurde, hoch relevant für andere Organisationen. Noch wichtiger dürfte allerdings der Wissenstransfer durch Absolventen, Praktikanten und Doktoranden sein, die nach Abschluss bzw. während ihrer Ausbildung bei anderen Organisationen Arbeit finden (siehe Abschn. 3.6).

Es geht hierbei nicht nur um das Wissen, das an den Hochschulen selbst entwickelt wurde, sondern auch um Wissen, das diese über ihre überregionalen und internationalen

6.2 Aktive Förderung von Forschungs- und Entwicklungsaktivitäten

Kontakte und Wissensnetzwerke akkumuliert haben. Gerade in Regionen mit wenig Großunternehmen und außeruniversitären Forschungseinrichtungen stellen Hochschulen wichtige Verbindungen zu internationalen Wissensquellen dar und bereichern so das regional verfügbare Wissen.

In Deutschland existieren diesbezüglich interessante Unterschiede zwischen Fachhochschulen und Universitäten.

> „Polytechnics (Fachhochschulen) have a special role in Germany. Often, they are specialised in the same technical fields as local businesses and are supposed to support small- and medium-sized firms through consultancy and the supply of graduates." (Beise und Stahl 1999, S. 400).

Die generell stärker anwendungsbezogene Ausrichtung der Fachhochschulen spiegelt sich demnach darin wider, dass gerade kleine und mittlere Unternehmen in ihnen wichtige Wissensquellen sehen. Großunternehmen mit ihren größeren absorptiven Kapazitäten greifen dagegen eher auf Universitäten und ihre stärker grundlagenbezogene Forschung zurück. Das schlägt sich auch in unterschiedlichen Wirkungsentfernungen der Wissensbereitstellung nieder. Fachhochschulen sind deutlich stärker lokal ausgerichtet. So kommen über die Hälfte der mit Fachhochschulen zusammenarbeitenden Unternehmen aus einem Umkreis von maximal 25 km. Bei Universitäten dehnt sich dieser Umkreis dagegen auf das Doppelte aus (Beise und Stahl 1999).

Neben Universitäten spielen außeruniversitäre Forschungsinstitute eine wichtige Rolle in der öffentlich geförderten Wissensgenerierung. So gehört beispielsweise die Max-Planck-Gesellschaft im Bereich der Biotechnologie weltweit zu den zehn größten Patentanmeldern (Peter 2002). Die Bedeutung von außeruniversitären Forschungseinrichtungen wird in den Untersuchungen von Nicolay und Wimmers (2000) deutlich herausgearbeitet. Demnach standen rund 82 Prozent der innovativen Unternehmen – gleich welcher Branche – in Kontakt mit Forschungseinrichtungen. Zwei Drittel der Unternehmen hatten dabei Kontakte zu außeruniversitären Forschungseinrichtungen innerhalb ihrer Region. Generell sind solche Kontakte aber für Branchen mit hohen F&E-Intensitäten wichtiger, wohingegen Unternehmen aus Branchen mit mittleren Intensitäten stärker auf Hochschulen zurückgreifen (Nicolay und Wimmers 2000).

In Deutschland gibt es insbesondere die vier „großen" außeruniversitären Forschungseinrichtungen:

- Hermann von Helmholtz-Gemeinschaft Deutscher Forschungszentren (HGF)
- Max-Planck-Gesellschaft (MPG)
- Fraunhofer-Gesellschaft (FHG)
- Wissensgemeinschaft Gottfried Wilhelm Leibnitz (WGL).

Die HGF hat über 22.000 Forscher. Ihre Institute, vornehmlich Großforschungseinrichtungen, sind zu 95 Prozent auf westdeutsche Verdichtungsräume konzentriert. Stark in Verdichtungsräume präsent sind auch die mehr als 11.000 Forscher der MPG, wobei insbesondere der Standort München eine überragende Bedeutung hat. Die FHG ist mit ihren mehr als 6.000 ingenieurwissenschaftlichen Forschern dagegen recht weit über Deutschland verteilt. Die Hauptstandorte liegen in Baden-Württemberg und Bayern. Im Regelfall sind diese Institute in (unmittelbarer) Nähe zu Hochschuleinrichtungen angesiedelt.

Der Großteil der ehemaligen Einrichtungen der Wissenschaftsgemeinschaft „Blaue Liste" ist heute in der WGL organisiert. Über die Hälfte der mehr als 12.000 F&E-Beschäftigten entfällt auf Institute in Ostdeutschland. Sie wurden häufig als strukturpolitische Maßnahme in industriell schwach aufgestellten Regionen gegründet (ISI 2000).

Die unterschiedlichen Ausrichtungen und Foki von Hochschulen und außeruniversitären Forschungseinrichtungen werden in Abb. 6.2 verdeutlicht. Dort ist zu erkennen, dass sich die MPG stark auf das Publizieren von wissenschaftlichen Artikeln konzentriert, was als Indikator für Grundlagenforschung angesehen werden kann. Im Gegensatz dazu wird bei der FHG viel stärker patentiert, was einer starken Orientierung hin zur anwendungsorientierten Forschung entspricht.

In Abb. 6.3 wird zudem das unterschiedliche Gewicht der Institutionen in Bezug auf die Forschungskapazität sowie die Bezuschussung durch die öffentliche Hand deutlich. So wird die MPG fast vollständig aus öffentlichen Mitteln finanziert, wohingegen ein signifikanter Anteil der FHG aus privatwirtschaftlichen Forschungsprojekten (Drittmittel) resultiert.

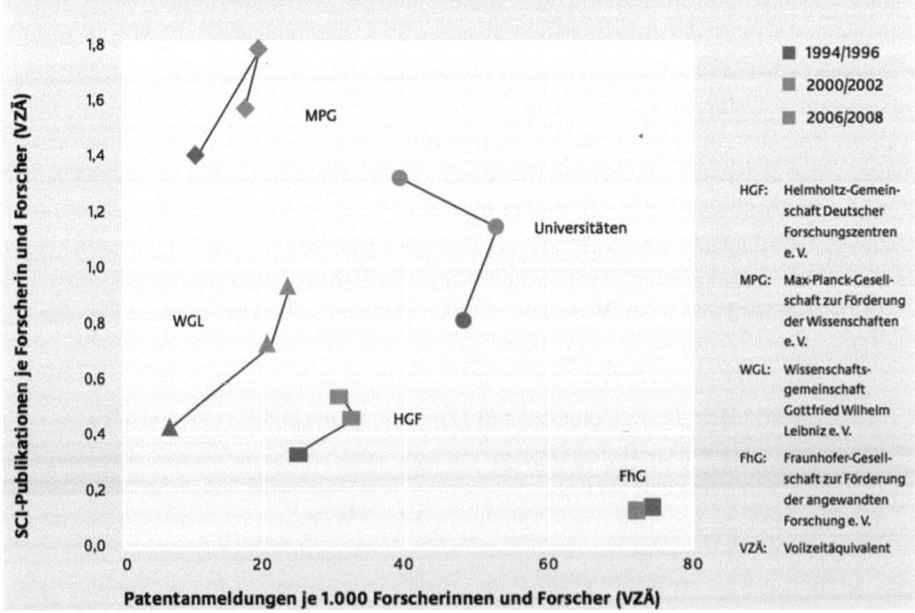

Abb. 6.2 Publikations- und Patentanmeldungen deutscher Forschungseinrichtungen. Quelle BMBF (2012), S. 63

6.2 Aktive Förderung von Forschungs- und Entwicklungsaktivitäten

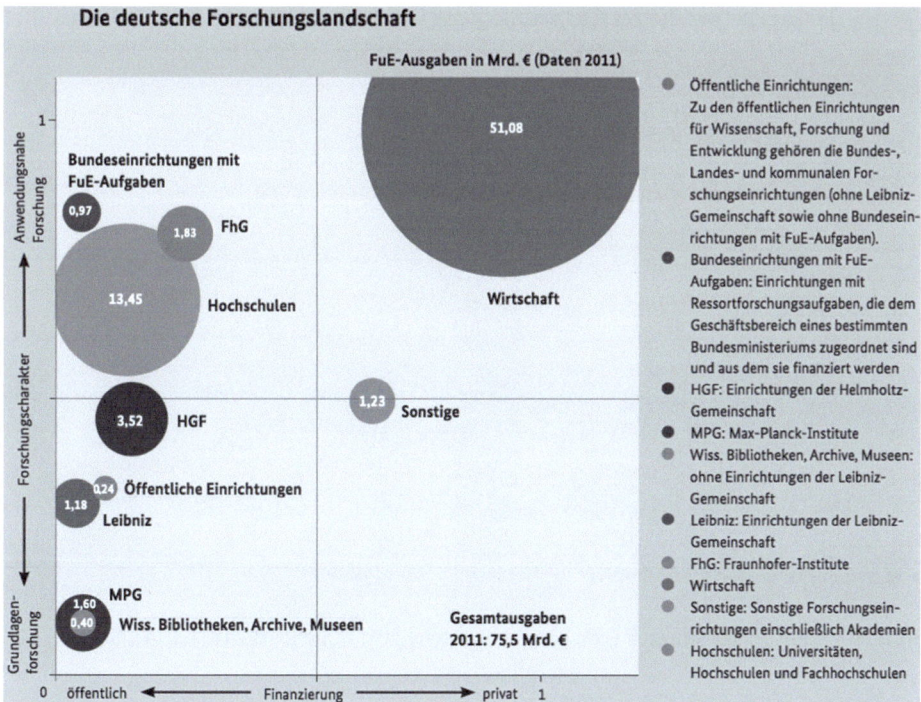

Abb. 6.3 F&E-Ausgaben nach Forschungseinrichtung 2011. Quelle: BMBF (2014), S. 50

Neben der Bereitstellung einer Forschungsinfrastruktur unterstützt die öffentliche Hand aber auch die F&E-Aktivitäten der privaten Wirtschaft. Dazu wird in Deutschland insbesondere auf die sogenannte Projektförderung[4] zurückgegriffen, für die mittlerweile fast 7 Mrd. Euro bereitgestellt werden, wovon etwa die Hälfte auf das BMBF entfällt (Abb. 6.4).[5]

Die Projektförderung erfolgt im Regelfall im Rahmen von Förder- bzw. Fachprogrammen. Dazu veröffentlichen die entsprechenden Ressorts eine Förderrichtlinie bzw. Programmausschreibung. Organisationen können sich dann um eine zeitlich befristete projektspezifische Förderung im Rahmen dieser Programme bewerben. Der Fokus dieser Programme und Förderrichtlinien ändert sich im Zeitablauf. So wurden in den 1970er-Jahren verstärkt Projekte aus dem Bereich der Nuklearforschung gefördert, wohingegen heute die Förderung deutlich diversifizierter ausgerichtet ist (Abb. 6.5).

---

[4] In anderen Ländern, z. B. Frankreich, erfolgt diese Förderung privatwirtschaftlicher F&E-Aktivitäten primär über Steuererleichterungen.

[5] Zahlen für die Bundesländer, die ebenfalls in dieser Art der Förderung engagiert sind, liegen leider in Deutschland nicht flächendeckend vor.

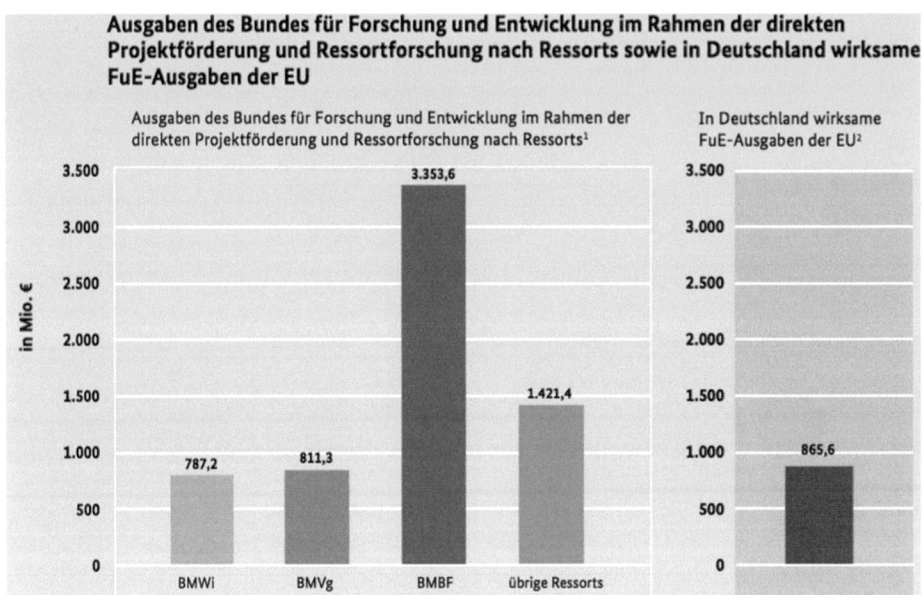

Abb. 6.4 F&E Ausgaben nach Forschungseinrichtung 2013. Quelle: BMBF (2014), S. 53

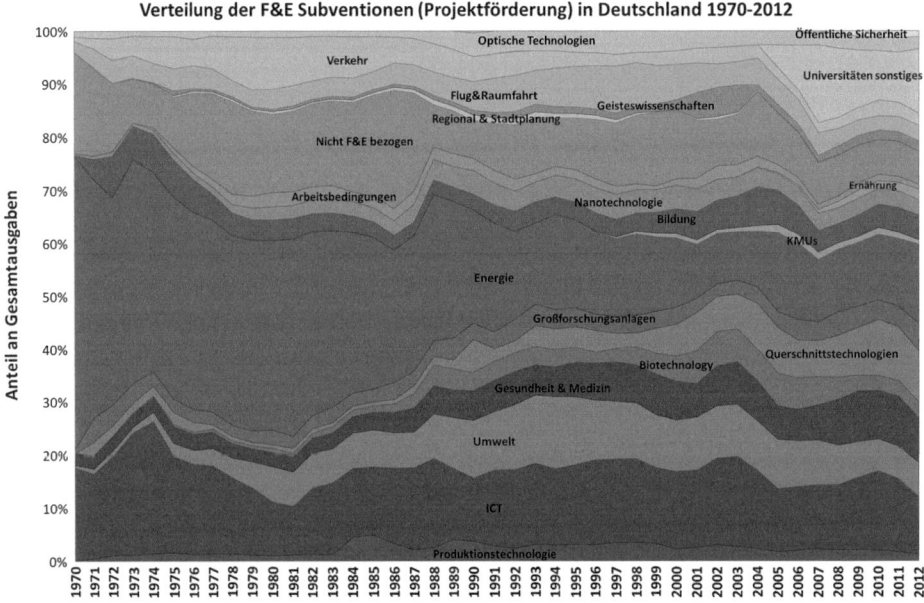

Abb. 6.5 Projektförderung des BMBF nach Technologien im Zeitablauf. Quelle: Eigene Berechnungen auf Grundlage von www.foerderkatalog.de, Abruf am 20.8.2013

In Deutschland werden primär Einzelvorhaben (eine einzelne Organisation führt das Projekt durch) gefördert, obwohl andere Formen der Förderung (z. B. Verbundvorhaben, bei denen mehrere Organisationen gemeinsam ein Projekt realisieren) zunehmend an Bedeutung gewinnen (siehe Abschn. 7.1). Zu beachten ist, dass Organisationen nur einen Teil der mit dem Forschungsprojekt verbundenen Kosten durch die staatliche Förderung ersetzt bekommen können (die Höhe dieses Anteils variiert in Abhängigkeit des Förderprogramms und Art der Institution). Dies wird getan, um das in dieser Situation existierende *moral harzard*-Problem abzuschwächen (siehe Exkurs 2). So wird durch die Eigenbeteiligung der Organisation sichergestellt, dass auch sie ein Interesse am erfolgreichen Abschluss des Projektes hat. Denn bei einem nicht erfolgreichen Abschluss muss sie, neben der öffentlichen Hand, ebenfalls einen finanziellen Verlust hinnehmen.

Durch die Subventionierung von Projekten können Unternehmen F&E-Kosten senken, was zum Beispiel dazu führen kann, dass sie mehr forschen oder aber in riskantere und damit potenziell ertragreichere Forschungsvorhaben investieren. Dieses wird auch als *Additionalitäts*-Hypothese bezeichnet. Allerdings kann es auch zu Mitnahmeeffekten kommen. Mitnahmeeffekte bedeuten, dass eine Organisation die Forschung auch ohne Subventionen im gleichen Umfang durchgeführt hätte, aber sie sich einen Teil der dafür nötigen Investitionen durch die Förderung erspart. Dies wird auch als *Substitutions*-Hypothese bezeichnet. Ob der Effekt der Förderung nun positiv ist und zu mehr Innovationen führt oder von Mitnahmeeffekten dominiert wird, ist in der Forschung noch umstritten. Die Mehrheit der Studien in diesem Bereich legt aber eher einen positiven Effekt nahe (Zúñiga-Vicente et al. 2014). Daneben kann dieses Instrument sehr gut genutzt werden, um die inhaltliche Ausrichtung der privaten Forschung zu beeinflussen. Möchte das BMBF zum Beispiel eine verstärkte Erforschung der Biotechnologie, dann könnte sie Projekte aus diesem Bereich bei der Förderung priorisieren.

Abb. 6.6 zeigt die Verteilung der Zuwendungen aus der Projektförderung des BMBF für die Jahre 2012–2013. Der Grund für die recht ungleiche Verteilung zugunsten von urbanisierten Regionen ist vor allem der Unterschied in regionalen Branchenstrukturen. So sind viele Förderprogramme auf junge und wissensintensive Branchen ausgerichtet, die sich allerdings verstärkt in urbanen Räumen befinden. Aber es spielt auch die Fähigkeit und Motivation von Organisationen einen Rolle, Fördergelder zu beantragen.

Wenn die Förderung mit verstärkten F&E-Aktivitäten einhergeht, dann erhöht sie auch Möglichkeiten für räumliche Wissens-Spillover an den Orten, in denen die geförderten Projekte realisiert werden. Damit unterstützt die Förderung die Entstehung von Wissensexternalitäten, da sie die regional verfügbaren Wissens-Spillover-Potenziale erhöht. Durch die ungleiche räumliche Verteilung der Fördermittel werden so räumlich differenzierte Wirkungen induziert, die aber bisher kaum empirisch untersucht worden sind. Zu den wenigen Ausnahmen gehört Broekel (2015), der allerdings keine Effekte der Einzelprojektförderung auf regionaler Ebene, z. B. durch eine Intensivierung der Wirkung von regionalen Wissens-Spillovern, nachweisen kann.

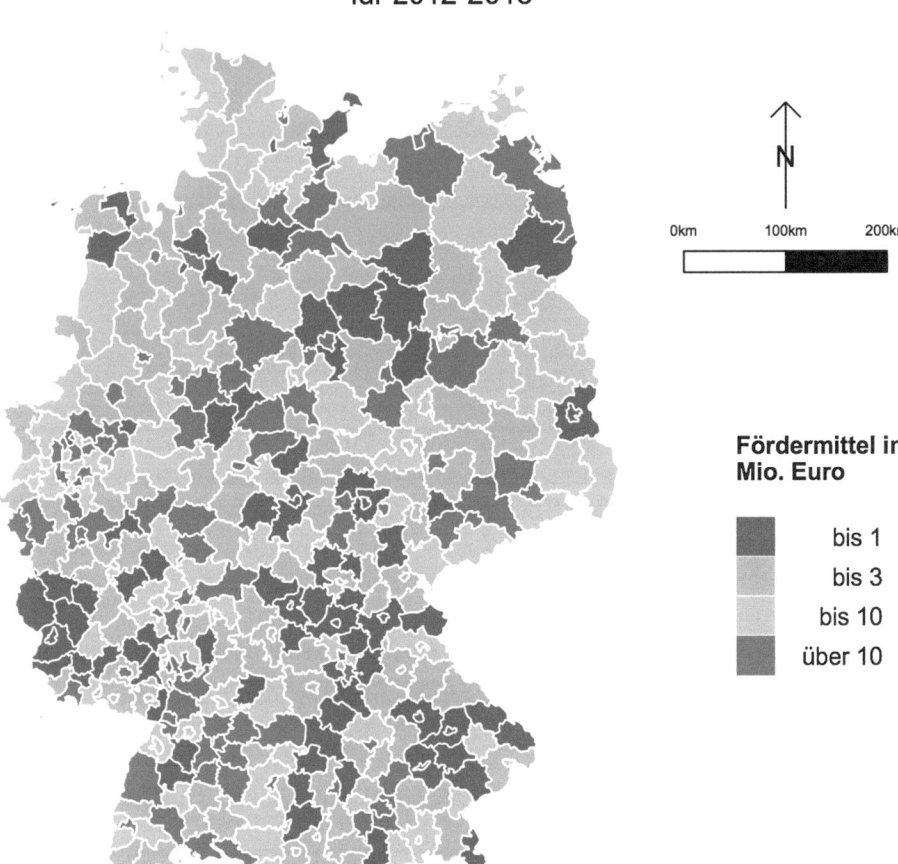

Abb. 6.6 Regionale Verteilung der Projektförderung des BMBF. Quelle: Eigene Berechnung, basierend auf www.foerderkatalog.de (Abruf am 6.7.2014)

Resümee

Durch die Schwierigkeiten, andere Organisationen vom eigenen Wissen in vielen Situationen komplett auszuschließen, kann es dazu kommen, dass Organisationen zu wenig in Forschung- und Entwicklungsaktivitäten investieren. Aus diesem Grund hat die Politik verschiede Maßnahmen ergriffen, um private F&E-Aktivitäten zu stimulieren. Eine ganz wichtige Maßnahme stellt der Patentschutz dar, der es ermöglicht, neue Produkte für eine Weile vor Nachahmung zu schützen. Dies gewährleistet, dass sich Organisationen die ökonomische Rendite ihrer F&E-Aktivitäten auch tatsächlich aneignen können.

Daneben finanziert die öffentliche Hand aber auch F&E-Aktivitäten an Hochschulen und an außeruniversitären Forschungseinrichtungen. Sie gewährleistet damit eine hinreichende Bereitstellung von Grundlagenwissen, das für private F&E-Aktivitäten nur wenig attraktiv ist. Die unterschiedlichen Schwerpunkte der Förderung (anwendungs- oder grundlagenorientiert) spiegeln sich im Profil der vier größten öffentlich geförderten außeruniversitären Forschungsreinrichtungen in Deutschland wider. Daneben unterstützt die öffentliche Hand auch die Forschung in privaten Organisationen durch die gezielte Subvention von Forschungsprojekten.

Kontroll- und Lernfragen
- Wie versucht die öffentliche Hand die Anreize zum Innovieren für private Organisationen zu steigern?
- Welche öffentlich-finanzierten Organisationen sind für die Wissensgenerierung in Deutschland wichtig?
- Worin unterscheiden sich die öffentlich finanzierten Forschungseinrichtungen?
- Welche Wirkung können öffentlich finanzierte Forschungseinrichtungen auf regionale Innovationsaktivitäten haben?
- Warum subventioniert die öffentliche Hand private Forschungsprojekte?
- Was ist unter der Additionalitäts- und Substitutionshypothese zu verstehen?

Literatur

Beise, M., & Stahl, H. (1999). Public research and industrial innovations in Germany. *Research Policy, 28*(4), 397–422.

BMBF. (2012). *Bundesbericht Forschung und Innovation 2012. Kurzfassung*. Berlin: Bundesministerium für Bildung und Forschung.

BMBF. (2014). *Bundesbericht Forschung und Innovation 2014*. Berlin: Bundesministerium für Bildung und Forschung.

Broekel, T. (2015). Do cooperative R&D subsidies stimulate regional innovation efficiency? Evidence from Germany. *Regional Studies, 49*(7), 1087–1110.

ISI. (2000). *Endbericht an das BMBF Regionale Verteilung der Innovations- und Technologiepotentialen in Deutschland und Europa, Fraunhofer Institut für Systemtechnik und Innovationsforschung*. Karlsruhe: Fraunhofer-Institut für Systemtechnik und Innovationsforschung.

Nicolay, R., & Wimmers, S. (2000). *Kundenzufriedenheit der Unternehmen mit Forschungseinrichtungen*. Berlin/Bonn: Deutscher Industrie- und Handelstag (DIHT).

Peter, V. (2002). Institutionen im Innovationsprozess. In *Technik, Wirtschaft, Politik Nr. 46*. Schriftenreihe des Fraunhofer-Instituts für Systemtechnik und Innovationsforschung.

Zúñiga-Vicente, J. A., et al. (2014). Assessing the effect of public subsidies on firm R&D investment: a survey. *Journal of Economic Surveys*. doi:10.1111/j.1467-6419.2012.00738.x.

7 Politische Unterstützung für Kooperationen und Netzwerke

> **Zusammenfassung** In diesem Kapitel werden aufbauend auf der Diskussion im vorangegangenem Kapitel zwei politische Programme präsentiert, die neben einer Unterstützung privater Forschungs- und Entwicklungsaktivitäten (F&E) auch eine Stimulierung des interorganisationalen Wissenstransfers durch die öffentliche Hand beinhalten. Das betrifft zum einen die Verbundprojektförderung des Bundesministeriums für Bildung und Forschung (BMBF) und zum anderen die Forschungsrahmenprogramme der Europäischen Union (EU).

Lernziele

- Kennenlernen der Grundlagen der Verbundprojektförderung durch das BMBF
- Kenntnis über die Eigenschaften von Organisationen, die an der Verbundprojektförderung teilnehmen, sowie über die Wirkung der Verbundprojektförderung
- Wissen um die Forschungsrahmenprogramme der Europäischen Union
- Kenntnis über Eigenschaften von Organisationen, die an den EU Forschungsrahmenprogrammen teilnehmen, sowie über die Wirkung dieser Programme

7.1 BMBF-Verbundprojektförderung

In Abschn. 6.2 wurde die Forschungsprojektförderung durch die öffentliche Hand in Deutschland vorgestellt. Als Hauptmotivation für diese Förderung wurde angeführt, dass die Subventionierung von Forschungsprojekten die privatwirtschaftliche Generierung von Innovationen und neuem Wissen von einem zu niedrigen Niveau auf ein gesellschaftlich akzeptables Niveau heben soll.

Zusätzlich hat sich aber auch die Erkenntnis durchgesetzt, dass interorganisationale Zusammenarbeit, Wissensaustausch und Kooperationen ein wichtiger Bestandteil von erfolgreichen Innovationsaktivitäten sind. Durch die positiven Effekte, die mit Kooperationen verbunden sind (siehe Abschn. 3.7), kann die Effizienz von F&E-Aktivitäten durch verstärktes Kooperieren gesteigert werden. Weiterhin erhöhen verstärkte Kooperationsaktivitäten die Wissensdiffusion innerhalb der Gesellschaft und die Intensität räumlicher Wissens-Spillover, wodurch sich weitere positive Effekte auf F&E-Aktivitäten erhofft werden. Das bezieht sich nicht nur auf die Wissensdiffusion zwischen öffentlicher Grundlagenforschung und dem privaten F&E-Sektor, sondern auch auf die Wissensdiffusion innerhalb dieser beiden Bereiche.

Die Innovationspolitik versucht sich dieses zunutze zu machen und implementiert vermehrt Anreize zu Forschungskooperationen in ihre Förderinstrumente. Deutlich lässt sich der zunehmende Bedeutungsgewinn dieser Komponente an der Zunahme der Förderung von Verbundprojekten als Teil der generellen Förderung von Forschungsprojekten (Abschn. 6.2) durch das BMBF darstellen.

Abb. 7.1 zeigt die Veränderung des Anteils der Verbundprojekte an den insgesamt geförderten Projekten des BMBF über die Zeit. Ab Mitte der 1980er-Jahre nimmt dieser Anteil stetig zu auf ein aktuelles Niveau von über 30 Prozent.

Die Förderung von Verbundvorhaben erfolgt äquivalent zur Förderung von Einzelprojekten, die in Abschn. 6.2 beschrieben wurde. Der primäre Unterschied ist, dass sich hier Konsortien von Organisationen zusammenfinden müssen und die Subventionierung

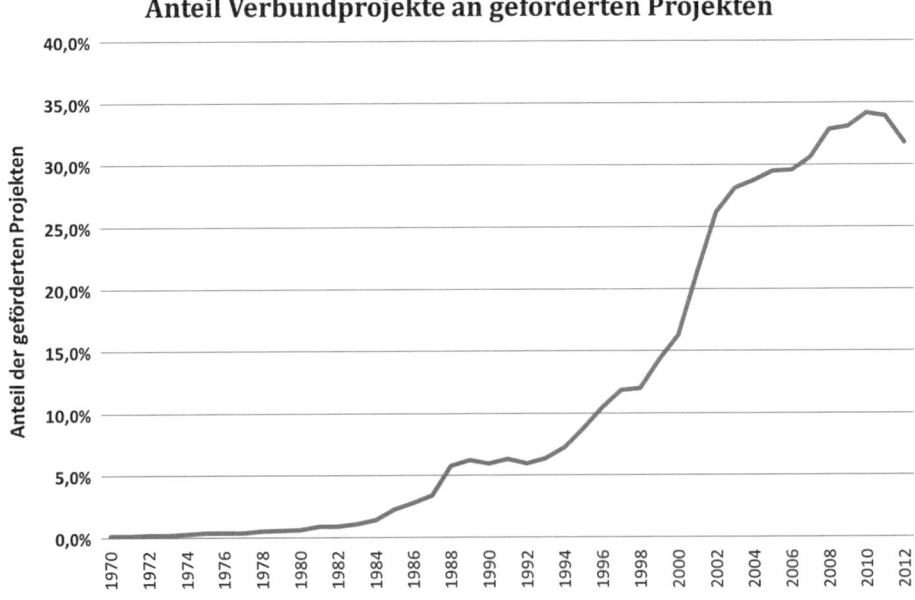

Abb. 7.1 Anteil Verbundprojekte an geförderten Projekten des BMBF über die Zeit. Quelle: Eigene Berechnungen basierend auf www.foerderkatalog.de (Abruf am 20.8.2013)

eines gemeinsam durchzuführenden Forschungsprojektes beantragen. Damit sich aber die von der Politik anvisierten positiven Effekte in Verbundprojekten (kooperative Forschung, kollektive Lernprozesse, Wissensdiffusion) auch ergeben, müssen die Konsortien auch tatsächlich zusammenarbeiten. Dazu heißt es im Leitfaden zu Verbundprojekten des BMBF:

> „Die intensive Zusammenarbeit ist Grundbedingung dafür, dass Lösungen für die zu bearbeitenden Aufgaben gefunden werden" (BMBF 2008, S. 2).

Sichergestellt werden sollen auch die Möglichkeiten zu interorganisationalen Wissenstransfers und der damit einhergehenden räumlichen Wissensdiffusion. So müssen sich z. B. die Verbundprojektpartner gegenseitig

> „…für Zwecke der Durchführung des Verbundprojektes an Know-how, urheberrechtlich geschützten Ergebnissen, an Erfindungen und erteilten Schutzrechten, die bei Beginn des Verbundprojektes vorhanden sind oder im Rahmen des Verbundprojektes entstehen, ein nicht ausschließliches unentgeltliches Nutzungsrecht ein[räumen]" (BMBF 2008, S. 2).

Das bedeutet, dass nicht nur die Erkenntnisse, die im gemeinsamen Projekt gewonnen werden, zu und über die beteiligten Partner diffundieren können, sondern auch Wissen, welches Organisationen unabhängig von diesem Projekt angesammelt haben, solange es zumindest inhaltlich in einer gewissen Beziehung zum Projekt steht. Aufgrund dieser in den Förderprogrammen festgeschriebenen Möglichkeiten zur interorganisationalen Wissensdiffusion werden die daraus entstandenen Beziehungen zwischen Organisationen auch als Teile von (subventionierten) Wissensnetzwerken (siehe Abschn. 3.8) aufgefasst (Broekel und Graf 2012). Das bedeutet, dass die Förderung von Verbundprojekten durch die öffentliche Hand interorganisationale Wissensnetzwerkstrukturen stärkt oder sogar erschafft. Über diese kann dann das Wissen nicht nur direkt zwischen den zusammenarbeitenden Organisationen ausgetauscht werden, sondern auch zwischen Organisationen transferiert werden, die nur indirekt über ihre Verbundprojektpartner verbunden sind. Entsprechend kann die Förderung von Verbundprojekten mehrere Dinge bewirken:

- Erhöhung der (monetären) Forschungskapazitäten von Organisationen
- Förderung interorganisationaler Forschungskooperationsaktivitäten
- Stimulation bzw. Erschaffung von interorganisationalen Wissensnetzwerken

Alle drei Effekte können auf die räumliche Verteilung von Innovationsaktivitäten und Wissensdiffusionsprozessen wirken. Die Erhöhung der Forschungskapazitäten wird bei einer ungleichen räumlichen Verteilung der geförderten Projekte zu unterschiedlich stark ausgeprägten F&E-Kapazitätssteigerungen und damit zu räumlich ungleich ausgeprägten Wissensexternalitäten führen (äquivalent zur Förderung von Einzelprojekten). Zusätzlich wird das Kooperationsverhalten von Organisationen durch die Förderung beeinflusst (das wird auch als „*Kooperationsadditionalität*" bezeichnet). So schafft die Subventionierung von Verbundprojekten monetäre Anreize verstärkt zu kooperieren, da die Förderung nur bei Kooperationsvorhaben erhältlich ist. Damit geht die Intensivierung von interorganisationalen Wissenstransfers einher, die in Bezug auf Organisationen, die räumlich distanziert angesiedelt sind, auch eine Ausdehnung räumlicher Wissenstransfer bedeuten. Gleichzeitig kann es durch die Verbundprojektförderung zur Stärkung bzw. Entwicklung von subventionierten Wissensnetzwerken kommen, welche die interorganisationale und räumliche Wissensdiffusion weiter intensivieren. Abb. 7.2 visualisiert so ein interregionales Wissensnetzwerk, das sich aus der Förderung von Verbundprojekten für die Chemische Industrie in Deutschland entwickelt hat. In diesem Beispiel bedeuten die Verbindungslinien zwischen den Regionen, dass mindestens zwei Organisationen aus diesen Regionen gemeinsam an einem geförderten Verbundprojekt teilgenommen haben. Je stärker die Linien ausgeprägt sind (je dunkler), desto mehr Kooperationen, die durch die öffentliche Hand gefördert wurde, gab es zwischen Organisationen zweier Regionen.

Die Forschung zu geförderten Verbundprojekten in Deutschland steckt noch weitestgehend in den Kinderschuhen, dennoch sollen kurz einige Erkenntnisse präsentiert werden. Aschhoff (2008) hat sich die Faktoren angeschaut, welche eine Verbundprojektförderung wahrscheinlicher machen. Sie findet, dass insbesondere die bereits existierende Erfahrung mit der Beantragung von Fördergeldern hilfreich ist. Weiterhin sind große und forschungs- sowie humankapitalintensive Unternehmen tendenziell erfolgreicher dabei, Förderprojekte zu akquirieren als kleine Unternehmen und solche, die wenig forschen.

Die Verbundprojektpartnerwahl und die Determinanten der sich aus dieser Förderung ergebenden interorganisationalen und interregionalen Wissensnetzwerke werden durch Broekel und Hartog (2013) sowie Buchman und Pyka (2014) untersucht. Die Studien zeigen, dass geographische sowie technologische Nähe die Wahrscheinlichkeit erhöht, dass es zu interorganisationalen bzw. interregionalen Verbundprojektbeziehungen kommt. Auch tendieren eher erfahrene Organisationen sowie Organisationen in urbanen Regionen dazu miteinander zu kooperieren. Das heißt, hier wirken ähnliche Faktoren, die auch die Wahrscheinlichkeit für die Herausbildung von nicht-subventionierten Kooperationsbeziehungen fördern (insbesondere die Nähearten).

Die potenziellen Effekte der geförderten Verbundprojekte werden auf verschiedenen Ebenen untersucht. So analysieren Schwartz et al. (2012) die Erfolgsdeterminanten von geförderten Projekten in Deutschland. Die Ergebnisse der Studie zeigen, dass die Einbindung von Großunternehmen sowie Universitäten einen positiven Einfluss auf den messbaren Output (Patente und Publikationen) der Projekte hat. Auch sind stark geförderte Projekte tendenziell erfolgreicher. Interessanterweise finden die Autoren keinen Effekt der räumlichen Entfernung zwischen den Kooperationspartnern. Das bedeutet, dass geographische Nähe für den Projekterfolg in diesem Fall nicht förderlich ist.

Fornahl et al. (2011) untersuchen den Einfluss dieser Art der Förderung auf den betrieblichen Innovationserfolg am Beispiel der deutschen Biotechnologieindustrie. Die Autoren zeigen, dass der Einzelförderung kein Effekt zugeschrieben werden kann. Positive Effekte gehen aber von der Verbundprojektförderung aus. Allerdings ist das Mitwirken an

7.1 BMBF-Verbundprojektförderung

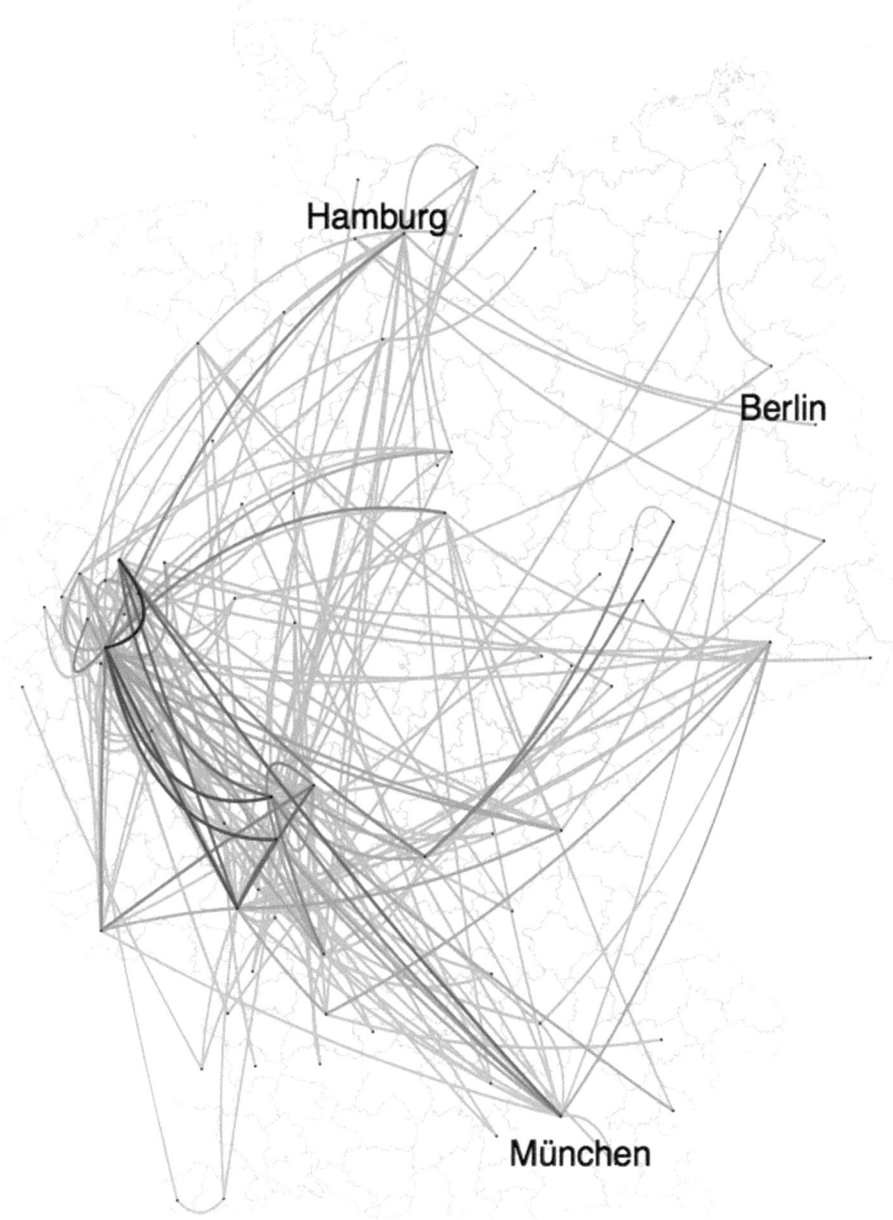

Abb. 7.2 Subventioniertes Wissensnetzwerk der Chemischen Industrie in Deutschland (2005–2010). Quelle: Broekel und Hartog 2013, S. 57

Verbundprojekten nur dann förderlich, wenn die Kooperationspartner einander komplementäre Wissensressourcen bieten. Das heißt, wenn die kognitive Distanz zu ihnen nicht zu groß, aber auch nicht zu klein ist. Oder in anderen Worten, wenn sie sich zueinander nahe einer optimalen kognitiven Distanz befinden (siehe Abschn. 5.2).

Auf regionaler Ebene erforscht Broekel (2015a) den Einfluss von geförderten Projekten auf die Innovationsleistung von Arbeitsmarktregionen in Deutschland. Wie Fornahl et al. (2011) kann auch er keinen positiven Effekt der Einzelprojektförderung identifizieren. Dafür weist er eine innovationsfördernde Wirkung von Verbundprojekten und der durch sie begründeten Wissensnetzwerke nach.

7.2 EU-Forschungsrahmenprogramme

Auch auf der Europäischen Ebene wurde die Idee, dass Kooperationen den Wissenstransfer und damit Innovationsaktivitäten anregen können, aufgenommen. Das zeigt sich in der Idee der sogenannten „*Innovation Union*", unter deren Rahmen die Konditionen für Innovationen und räumliche Wissensdiffusion in Europa bis 2020 deutlich verbessert werden sollen (Europäischer Rat 2010). Ein zentrales Element der *Innovation Union* ist die Umsetzung eines integrierten Europäischen Forschungsraumes („*European Research Area*", EFA). Der Forschungsraum beinhaltet den uneingeschränkten Transfer von Wissenschaftlern, Wissen und Technologien zwischen den Ländern der EU, wodurch die Innovationsaktivitäten aller Mitgliedsländer unterstützt werden sollen (Europäische Kommission 2008, S. 6). Für die Umsetzung sollen Widerstände (geographische, kulturelle, institutionelle und technologische) abgebaut werden, was insbesondere durch eine verbesserte Koordination von nationalen und regionalen Forschungsaktivitäten auf Europäischer Ebene erreicht werden soll (siehe Delanghe et al. 2009).

Das wichtigste Instrument der EU in diesem Zusammenhang sind die EU-Forschungsrahmenförderprogramme (EU-FRP).[1] 1983–1984 wurde unter dem Begriff des „Ersten Forschungsrahmenprogramms" (1984–1987) der Großteil der damals existierenden europäischen Fördermaßnahmen zusammengeführt. Die *Einheitliche Europäische Akte* von 1986 schuf dafür nachträglich die entsprechende Rechtsgrundlage und etablierte die Forschungsrahmenprogramme als Kern der EU-Forschungsförderung. Mittlerweile gibt es 8 Forschungsrahmenprogramme, die über die Zeit zum größten und wichtigsten Forschungsförderinstrument der EU avanciert sind. An ihnen partizipieren neben privaten Einrichtungen insbesondere Hochschulen und außeruniversitäre Forschungseinrichtungen.

Trotz Unterschiede in der inhaltlichen Ausgestaltung der einzelnen Rahmenprogramme blieb die grundlegende Idee weitestgehend unverändert: Gefördert werden ausschließlich kooperative F&E-Projekte, die von exzellenten Partnern aus verschiedenen EU-Ländern

---

[1] Ein anderes wichtiges Programm ist die EUREKA Initiative, die hier aus Platzgründen allerdings nicht diskutiert werden kann.

7.2 EU-Forschungsrahmenprogramme

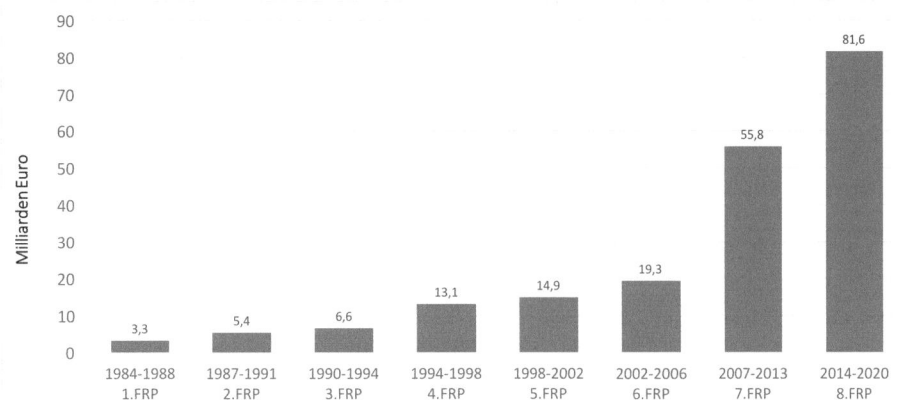

Abb. 7.3 Entwicklung der Budgets der EU-Forschungsrahmenprogramme. Quelle: Eigene Darstellung, aufbauend auf SBFI (2015)

durchgeführt werden. Dadurch soll die wissenschaftliche und technologische Basis europäischer Organisationen gestärkt und eine wettbewerbsfähige europäische Forschungslandschaft geschaffen werden (vgl. Barajas und Huergo 2010).

Wie bei der Verbundförderung des BMBF werden bei der EU-Forschungsrahmenprogrammförderung in der Regel Anträge für Forschungsprojekte in Reaktion auf konkrete Projektausschreibungen eingereicht. Entsprechend muss der Inhalt eines Projektantrages auf die Ziele eines der (technologischen) Bereiche der Rahmenprogramme zugeschnitten sein. Weiterhin müssen die beteiligten Partner bestimmte Teilnahmekriterien erfüllen und der Antrag muss den wissenschaftlichen, inhaltlichen und formellen Anforderungen der Ausschreibung entsprechen. Nach der Einreichung werden die Anträge von unabhängigen Experten aus den jeweiligen Fachbereichen beurteilt. Wichtig ist, dass die zu fördernden Anträge nur aufgrund ihrer Qualität ausgewählt werden, die nach spezifischen Kriterien wie technischen und wissenschaftlichen Aspekten und sozioökonomischen Auswirkungen beurteilt wird. Natürlich müssen die Anträge auch in den festgelegten Budgetrahmen passen. Im Gegensatz zu vielen anderen Instrumenten der EU gibt es bei der Bewilligung der EU-Forschungsrahmenprogramme keine Länderquoten (SBFI 2015). Deutschland schneidet bei den Zuwendungen aus diesem Programm relativ gut ab, wie Abb. 7.4 zeigt. Ein Grund dafür ist Deutschlands Stärke in der Informations- und Kommunikationstechnologie sowie in Produktionstechnologien.

Mit Horizon2020 läuft zurzeit das 8. EU-Forschungsrahmenprogramm. Über seine siebenjährige Laufzeit (2014–2020) stehen ca. 80 Mrd. Euro an Förderung zur Verfügung (siehe Abb. 7.3). Die Mittel verteilen sich auf drei große Blöcke: „Wissenschaftsexzellenz", „Führende Rolle der Industrie", „Gesellschaftliche Herausforderungen". Im ersteren Block soll die Grundlagenforschung dadurch gestärkt werden, dass Forscher sich besser vernetzen können, ihre internationale Mobilität unterstützt wird und Gelder für Forschungsinfrastruktur bereitgestellt werden. Im zweiten Block sollen industrielle

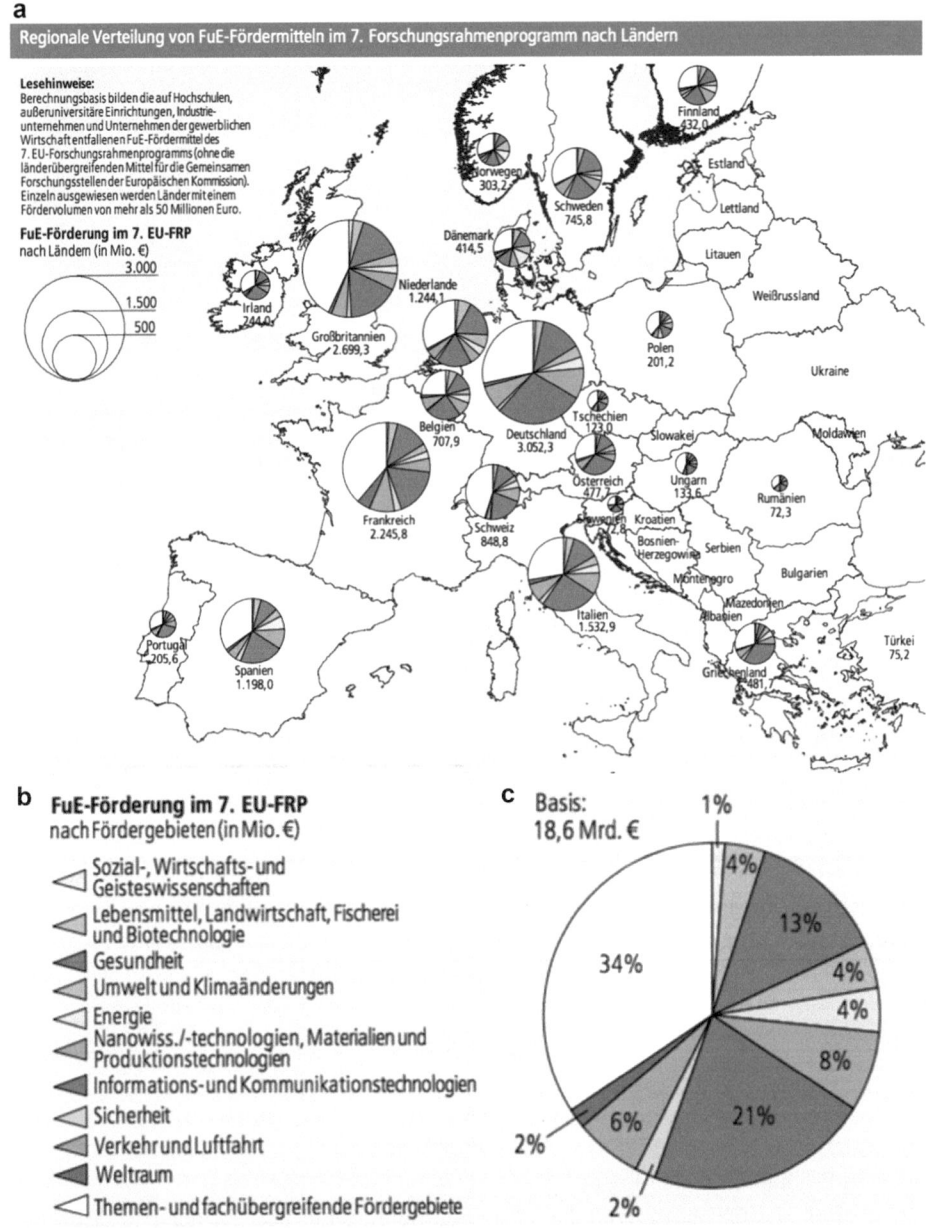

Abb. 7.4 Verteilung der 7. EU-FRP Mittel. Quelle: DFG 2012, S. 51

7.2 EU-Forschungsrahmenprogramme

Forschungs- und Entwicklungskapazitäten dazu gebracht werden, stärker bei der Erforschung von Schlüsseltechnologien mitzuwirken (z. B. neuartige Materialen, Minicomputer, etc.). Der dritte Teil beinhaltet die Projektförderung in Bezug auf drängende gesellschaftliche Herausforderungen wie z. B. den Klimawandel (mehr Informationen auf www.horiozont2020.de).

Es wird deutlich, dass die Programme damit den interorganisationalen und interregionalen Wissenstransfer durch die Intensivierung der räumlichen Mobilität von Wissensträgern sowie von interorganisationalen (geförderten) Kooperationen unterstützen. In Bezug auf Letztere kommt es dabei, wie bei den Verbundprojekten in Deutschland, zur Herausbildung von interorganisationalen und interregionalen Wissensnetzwerken (Breschi und Cusmano 2004).

Die existierende Forschung zu den EU-FRP ist etwas weiter fortgeschritten als die zur deutschen Verbundprojektförderung. In Bezug auf die Allokation zeigen Marín und Siotis (2008), dass die EU-Forschungsrahmenprogramme insbesondere für größere Unternehmen aus F&E-intensiven Industrien attraktiv sind. Barajas und Huergo (2010) führen aus, dass die Wahrscheinlichkeit, mit der ein Unternehmen einen Antrag im EU-FRP stellt, von seiner Präsenz auf Auslandsmärkten, seiner absorptiven Kapazität und seinen bisherigen Erfahrungen mit den EU-FRP abhängt. Außerdem haben Organisationen in Clustern eine größere Wahrscheinlichkeit, durch die Programme gefördert zu werden, als Organisationen außerhalb von Clustern, da sie eher exzellente Forschung durchführen (Broekel et al. 2015c).

Auch die Wirkung auf der Teilnahme an den EU-FRP wurde wissenschaftlich untersucht. So weisen Barajas et al. (2012) einen positiven Effekt von EU-FRP-Kooperationen auf die technologischen Fähigkeiten und damit indirekt auf die Produktivität von Unternehmen nach. Ähnliche Ergebnisse werden von Aguiar und Gagnepain (2012) ausgewiesen. Dekker und Kleinknecht (2008) zeigen außerdem, dass gerade kleine Unternehmen ihre F&E-Ressourcen ausweiten, wenn sie in EU-FRP eingebunden sind. Das bedeutet, dass es eher zur Additionalität der Fördermittel und nicht so sehr zu Mitnahmeeffekten kommt. Fisher et al. (2009) führen eine groß angelegte Untersuchung zum 5. und 6. EU-FRP durch. In Bezug auf die Beziehung zwischen den Eigenschaften der Projekte und dem Projekterfolg finden sie u. a. Folgendes:

- Kommerziell ausgerichtete Projekte führen häufiger zu Produktinnovationen als Projekte, welche die Etablierung von Netzwerkbeziehungen in den Vordergrund rücken.
- Stammt die Projektidee von industriellen Organisationen, fördert dies die Entstehung von neuem Wissen.
- Sehr riskante und sehr wenig riskante Projekte sind weniger erfolgreich in Bezug auf Produktinnovationen und Wissensaustausch als Projekte mit moderatem Risiko.

- Die Erforschung neuer Technologien beeinflusst die Wahrscheinlichkeit für Prozessinnovationen positiv und die Wahrscheinlichkeit für Produktinnovationen negativ.
- Zunehmende technologische Komplexität des Untersuchungsgegenstandes fördert die Entstehung von Prozessinnovationen.

Auch die Relevanz der verschiedenen Arten der Nähe werden in den Ergebnissen von Fisher et al. (2009) deutlich, obwohl sie nicht explizit so bezeichnet werden:

- Je größer die kognitive Distanz zwischen dem Wissen der beteiligten Organisation und dem Inhalt des Projektes, desto unwahrscheinlicher werden Prozessinnovationen.
- Je mehr ein Projekt auf vergangenen F&E-Tätigkeiten aufbaut (geringe kognitive Distanz), desto wahrscheinlicher werden Prozessinnovationen und die Entwicklung von neuem technologischen Wissen

Wie auch bei den BMBF-Verbundprojekten können aus der kooperativen EU-FRP-Förderung Wissensnetzwerke entstehen, deren Strukturen für die räumliche Wissensdiffusion bedeutsam sind. Abb. 7.5 zeigt so ein Netzwerk, das sich aus den Beteiligungen von Organisationen (hier auf die Ebene von Regionen aggregiert) am 5. EU-FRP ergeben hat. Diese Strukturen wurden ebenfalls wissenschaftlich analysiert. Breschi und Cusmano

Abb. 7.5 Interregionales Wissensnetzwerk basierend auf dem 5. EU-FRP. Quelle: Lata et al. 2015, S. 9

7.2 EU-Forschungsrahmenprogramme

(2004) sowie Autant-Bernard et al. (2007) zeigen, dass die geförderten Netzwerke aus einem relativ kleinen „*oligarchischem Kern*" bestehen (Breschi und Cusmano 2004, S. 747). Das bedeutet, dass eine relativ geringe Zahl an Organisationen durch die EU-FRP sehr gut miteinander vernetzt werden und sich diese gleichzeitig im Zentrum des Gesamtnetzwerkes befinden. Diese Studien verdeutlichen, dass die Wissensdiffusion in Europa innerhalb der durch die Forschungsrahmenprogramme geförderten Wissensnetzwerke an einer vergleichsweise kleinen Zahl an Organisationen hängt, die sehr zentrale Positionen in diesem Netzwerk einnehmen. Interessanterweise verstärken sich im Lauf der Zeit die Verbindungen zwischen den Mitgliedern dieses Kerns, d. h., mit jeder weiteren Förderrunde verfestigt sich diese Struktur.

Broekel et al. (2015c) weisen weiterhin nach, dass Organisationen, die im Netzwerk zentrale Positionen einnehmen, tendenziell in Clustern lokalisiert sind. Das kann auf der einen Seite daran liegen, dass sie durch die im Cluster wirkenden Wissensexternalitäten bessere Forschung betreiben und somit eher für eine Förderung aus den exzellenzorientierten EU-FRP in Frage kommen. Oder, dass sie durch die geographische Nähe zu anderen Organisationen der gleichen Branche besseren Zugang zu Informationen über geeignete Kooperationspartner und interessante Themen haben.

Generell kann über die Zeit den Netzwerken eine gewisse Konstanz von Verbindungen zwischen den gleichen Förderempfängern attestiert werden (Paier und Scherngell 2011). Das bedeutet, dass die soziale Nähe zwischen den Partnern tendenziell zunimmt. Aber auch die anderen Nähearten sind von Relevanz. So zeigen Scherngell und Barber (2009, 2011), dass die Wahrscheinlichkeit zur Kooperation innerhalb des 5. EU-FRP mit abnehmender geographischer Distanz (geographische Nähe) steigt, aber Sprachbarrieren (institutionelle und kognitive Nähe) weiterhin einen starken negativen Einfluss haben. Balland (2011) ermittelt, dass institutionelle, organisationale und geographische Nähe die Kooperationsintensität innerhalb des 6. EU-FRP von Organisationen die Satelliten-Navigations-System entwickeln, in Teilen erklären können.

Es gibt bisher nur wenige empirische Studien, welche die Auswirkungen der Wissensnetzwerke, die aus der EU-FRP-Förderung hervorgehen, auf den Innovationserfolg von Organisationen oder Regionen untersuchen. Die Studie von Maggioni et al. (2007) ist eine der wenigen. Die Autoren schauen sich die Beziehung zwischen der 5. EU-FPR Förderung und der Innovationsleistung von europäischen Regionen an. Dabei modellieren sie auch die aus diesen Programmen entstandenen Wissensnetzwerke und vergleichen deren Wirkung mit der Wirkung von Wissens-Spillover, die aufgrund der „reinen" räumlichen Distanz zwischen den Regionen existieren. Für Letztere finden sie ein klar positives Ergebnis:

> „[P]atenting activity in a given region benefits from the positive performance of its geographically defined neighbours" (Maggioni et al. 2007, S. 487)

Die Effekte, die von der Beteiligung von Organisationen an Projekten ausgehen, die durch die EU-FRP gefördert werden, sind dagegen eher indirekter Natur.

"These EU funded research networks may have not fully supported European competitiveness and innovative performance. [...] But the most relevant function of Framework Programmes lies in the creation of dynamic networks, bringing together researchers from laboratories scattered throughout European firms, universities and other research institutions, providing access to complementary skills and reducing the degree of excessive competition among researchers and the duplication of research efforts" (Maggioni et al. 2007, S. 490–491).

Resümee

In diesem Kapitel wurden die beiden politischen Maßnahmen der Verbundprojektförderung durch das BMBF in Deutschland und die Forschungsrahmenprogramme der EU vorgestellt und diskutiert. Beide weisen ähnliche Eigenschaften auf. So steht bei beiden die Förderung von kooperativen Forschungsaktivitäten im Fokus, wobei sich die Verbundprojektförderung des BMBF nur auf innerdeutsche Zusammenarbeiten bezieht und die Förderung der EU-FRP europäische Kooperationen unterstützt. Beide zielen darauf ab, neben der Förderung von Innovationsaktivitäten auch den interorganisationalen und interregionalen Wissenstransfer zu stimulieren.

Unterschiede gibt es aber in Hinblick auf die Empfänger der Förderung. So steht bei den EU-FRP wissenschaftliche Exzellenz im Vordergrund, die dann auch für die Förderwahrscheinlichkeit ausschlaggebend ist. Im Gegensatz dazu sind die BMBF-Verbundprojekte oft stark anwendungsorientiert, was die Chancen auch für weniger forschungsintensive Organisationen erhöht, daran zu partizipieren. Erfahrungen mit den jeweiligen Förderprogramen verbessern allerdings die Förderchancen in beiden Programmen. Generell zeichnen sich die Verbundprojekte des BMBF durch eine stärkere Beteiligung von Unternehmen und insbesondere von klein- und mittelständischen Unternehmen aus. Dagegen profitieren primär Hochschulen und Forschungsinstitute sowie Großunternehmen von den EU-FRP. Die Forschungsergebnisse zeigen weiterhin, dass die verschiedenen Arten der Nähe (geographisch, institutionell, kognitiv, sozial und organisatorisch) bei der Wahl der Partner in den geförderten Projekten eine große Rolle spielen.

Die Wirkungsforschung ist bei beiden Förderprogrammen noch ausbaufähig, was sich insbesondere an der geringen Anzahl von Studien zeigt, die sich der Wissensdiffusionswirkung der durch die Programme imitierten Wissensnetzwerke widmen. Diesbezüglich gibt es für die Verbundprojekte des BMBF erste positive Erkenntnisse. So wird hier u. a. gezeigt, dass die geographische und kognitive Distanz zwischen den Verbundprojektpartnern einen Einfluss auf den Nutzen hat, den Organisationen aus diesen Projekte ziehen. Aus den wissenschaftlichen Ergebnissen zur Wirkung der EU-FRP können bisher noch keine eindeutigen Schlüsse gezogen werden.

Kontroll- und Lernfragen

- Was sind die EU-Forschungsrahmenprogramme (FRP)?
- Welchen Zweck haben die EU-Forschungsrahmenprogramme?

- Was sind Verbundprojekte?
- Welchen Zweck erfüllt die Förderung von Verbundprojekten durch das BMBF in Deutschland?
- Welche Faktoren spielen eine Rolle für die Wahrscheinlichkeit, dass Projekte durch die EU-Forschungsrahmenprogramme bzw. durch Verbundprojekte des BMBF gefördert werden?
- Welche Rolle spielen die verschiedenen Arten der Nähe im Kontext der EU-Forschungsrahmenprogramme und der Verbundprojekte des BMBF?

Literatur

Aguiar, L., & Gagnepain, P. (2012). European cooperative R&D and firm performance. *Working Paper, Universidad Carlos III De Madrid*, 12–07.

Aschhoff, B. (2008). Who gets the money? The dynamics of R&D project subsidies in Germany. *ZEW – Berichte, 08018*, 1–32.

Autant-Bernard, C., et al. (2007). Social distance versus spatial distance in R&D cooperation: Empirical evidence from european collaboration choices in micro and nanotechnologies. *Papers in Regional Science, 86*, 495–519.

Balland, P.-A. (2011). Proximity and the evolution of collaborative networks: Evidence from R&D projects within the GNSS industry. *Regional Studies, 46*(6), 741–756.

Barajas, A., & Huergo, E. (2010). International R&D cooperation within the EU Framework Programme: Empirical evidence for Spanish firms. *Economics of Innovation and New Technology, 19*(1), 87–111.

Barajas, A., Huergo, E., & Moreno, L. (2012). Measuring the economic impact of research joint ventures supported by the EU Framework Programme. *Journal of Technology Transfer, 37*, 917–942.

BMBF. (2008). Merkblatt für Antragsteller/Zuwendungsempfänger zur Zusammenarbeit der Partner von Verbundprojekten. *Bundesministerium für Bildung und Forschung, BMBF-Vordruck 0110/10.08*.

Breschi, S., & Cusmano, L. (2004). Unveiling the texture of a European research area: Emergence of oligarchic networks under EU framework programmes. *International Journal of Technology Management, 27*(8), 747–772.

Broekel, T. (2015). Do cooperative R&D subsidies stimulate regional innovation efficiency? Evidence from Germany. *Regional Studies, 49*(7), 1087–1110.

Broekel, T., & Graf, H. (2012). Public research intensity and the structure of German R&D networks: A comparison of ten technologies. *Economics of Innovation and New Technology, 21*(4), 345–372.

Broekel, T., & Hartog, M. (2013). Explaining the structure of inter-organizational networks using exponential random graph models. *Industry and Innovation, 20*(3), 277–295.

Broekel, T., Fornahl, D., & Morrison, A. (2015). Another cluster premium: Innovation subsidies and R & D collaboration networks. *Research Policy, 44*(8), 1431–1444.

Buchman, T., & Pyka, A. (2014). The evolution of innovation networks: The case of a publicly funded German automotive network. *Economics of Innovation and New Technology, 24*, 114–139.

Dekker, R., & Kleinknecht, A. H. (2008). The EU framework programs: Are they worth doing? *MPRA Paper*, No. 8503.

Delanghe, H., Muldur, U., & Soete, L. (2009). *In European science and technology policy. Towards integration or fragmentation?* Cheltenham: Edward Elgar.

DFG. (2012). *Förderatlas 2012*. Bonn: Deutsche Forschungsgemeinschaft.

Europäische Kommission. (2008). Council conclusions on the definition of a ‚2020 vision for the European Research Area'. 16012/08 RECH 379 COMPET 502, Brussels. 09.12.2008.

Europäischer Rat. (2010). Conclusions on innovation Union for Europe. Brussels. 26.11.2010.

Fisher, R., Polt, W., & Vonortas, N. (2009). The impact of publicly funded research on innovation: An analysis of European Framework Programmes for Research and Development. *PRO INNO Europe paper # 7*, Office for Official Publications of the European Communities.

Fornahl, D., Broekel, T., & Boschma, R. (2011). What drives patent performance of German biotech firms? The impact of R&D subsidies, knowledge networks and their location. *Papers in Regional Science, 90*(2), 395–418.

Lata, R., Scherngell, T., & Brenner, T. (2015). Integration processes in European Research and Development: A comparative spatial interaction approach using project based research and development networks, Co-patent networks and Co-publication networks. *Geographical Analysis, 47*(4), 1538–4632.

Maggioni, M. A., Nosvelli, M., & Uberti, T. E. (2007). Space versus networks in the geography of innovation: A European analysis. *Papers in Regional Science, 86*(3), 471–493.

Marín, P. L., & Siotis, G. (2008). Public policies towards research joint venture: Institutional design and participants' characteristics. *Research Policy, 37*(6–7), 1057–1065.

Paier, M., & Scherngell, T. (2011). Determinants of collaboration in European R&D networks: Empirical evidence from a discrete choice model. *Industry and Innovation, 18*(1), 89–104.

SBFI. (2015). Frühere Forschungsrahmenprogramme, Staatssekretariat für Bildung, Forschung und Innovationen (SBFI) der Schweiz. http://www.sbfi.admin.ch/themen/01370/01683/02092/index.html?lang=de. Zugegriffen am 28.08.2015.

Scherngell, T., & Barber, M. J. (2009). Spatial interaction modeling of cross-region R&D collaboration. Empirical Evidence from the 5th EU Framework Programme. *Papers in Regional Science, 88*(3), 531–546.

Scherngell, T., & Barber, M. J. (2011). Distinct spatial characteristics of industrial and public research collaborations: Evidence from the fifth EU Framework Programme. *Annals of Regional Science, 46*(2), 247–266.

Schwartz, M., et al. (2012). What determines the innovative success of subsidized collaborative R&D projects? – Project-level evidence from Germany. *Technovation, 32*(6), 358–369.

Evolutorische Wirtschaftsgeographie und Innovationsgeographie

8

▶ **Zusammenfassung** Im folgenden Kapitel werden die Grundzüge der Evolutorischen Wirtschaftsgeographie vorgestellt, da hier, im Gegensatz zu anderen Theorien, Innovationen und Wissenstransfer als zentrale Faktoren des wirtschaftlichen Wandels angesehen werden. Zwei Aspekten wird in diesem Kapitel besondere Beachtung geschenkt: pfadabhängigen ökonomischen Entwicklungen sowie dem Prozess des regional branching. Letzterer bietet eine Erklärung für Unterschiede in der Wahrscheinlichkeit der Entstehung von Innovationen in Regionen sowie der Richtung der damit verbundenen technologischen Diversifikation. Darauf aufbauend werden politische Implikationen dieser Erkenntnisse diskutiert, was insbesondere die smart-specialization-Strategie der EU betrifft.

Lernziele

- Kennenlernen der Grundlagen der Evolutorischen Wirtschaftswissenschaft und die der Evolutorischen Wirtschaftsgeographie
- Verständnis für Pfadabhängigkeiten im Kontext der wirtschaftlichen Entwicklung
- Verstehen des *regional-branching*-Ansatzes
- Kennenlernen der *smart-specialization*-Strategie der EU sowie ihres Bezugs zum *regional-branching*-Ansatz

8.1 Von der Neoklassik zur Evolutorischen Wirtschaftsgeographie

Ein Theoriestrang, der sich in den letzten Jahren erfolgreich in der Wirtschaftsgeographie etablieren konnte, ist die Evolutorische Wirtschaftsgeographie. Im Gegensatz zu den klassischen, neoklassischen und zum Großteil auch endogenen Wachstumstheorien spielen in ihr die räumliche Verteilung und Diffusion von Wissen und Innovation sowie die daraus resultierenden ökonomischen Konsequenzen eine zentrale Rolle. Sie bietet damit eine sehr gute Grundlage, um innovationsbezogene raumwirtschaftliche Prozesse zu analysieren. Bevor sie überblicksartig vorgestellt wird, wird jedoch erst die Evolutorische Ökonomik präsentiert, um das Verständnis für die Evolutorische Wirtschaftsgeographie (EWG) zu fördern, da sie sich auf der Grundlage dieses wirtschaftswissenschaftlichen Ansatzes entwickelt hat. Die EWG stellt damit die Übertragung der Ideen und Konzepte der Evolutorischen Ökonomik auf raumwirtschaftliche Fragestellungen dar.

Die Motivation zur Entwicklung der Evolutorischen Ökonomik war eine zunehmende Unzufriedenheit mit den vorherrschenden neoklassischen ökonomischen Gleichgewichtsmodellen in der Ökonomik. Diese basieren u. a. auf einigen sehr zentralen Annahmen. Zum Beispiel, dass sich die Wirtschaft in einem permanenten Gleichgewicht befindet bzw. dass sie einen solchen Zustand zu jeder Zeit anstrebt und Ungleichgewichtsphasen, wenn überhaupt, nur für kurze Zeit existieren können. Eine weitere zentrale Grundannahme ist der sogenannte *homo oeconomicus* (siehe Exkurs 5). Das bedeutet, dass sich alle wirtschaftlichen Akteure hyperrational entscheiden und lediglich auf ihre subjektive autonome Nutzenmaximierung fixiert sind. Entsprechend kann mit der Vereinfachung eines repräsentativen Akteurs gearbeitet werden, d. h., es genügt eine Untersuchung für einen einzigen Akteur durchzuführen, da dieser für die Gesamtpopulation aller Akteure (z. B. alle Konsumenten oder Produzenten) repräsentativ in seiner Entscheidungswahl ist.[1]

Diese und viele weitere Annahmen und Ergebnisse der Neoklassischen Ökonomik widersprachen den Beobachtungen und Ansichten der Vordenker der Evolutorischen Ökonomik. Sie gingen gerade vom Gegenteil aus: Die wirtschaftliche Entwicklung ist durch dauerhafte Ungleichgewichte gekennzeichnet. Weiterhin verändern sich wirtschaftliche Strukturen sowie die sozioökonomischen Bedingungen, in die wirtschaftliche Aktivitäten eingebettet sind, permanent. Gerade Entrepreneurship, Unternehmensneugründungen, Diversifizierungen, ungleichmäßiges Firmenwachstum aber auch Unternehmenspleiten sind alltägliche Phänomene, die jedoch als Merkmale einer nicht im Gleichgewicht befindlichen wirtschaftlichen Entwicklung in der Neoklassischen Ökonomik kaum Berücksichtigung finden. Entsprechend wenig hilfreich ist der in der Neoklassik vorherrschende komparativ statische Untersuchungsansatz (Vergleich einer Situation *vor* und *nach* einer Änderung), wenn Veränderungen permanent und quasi der „Normalzustand" der Wirtschaft sind. Eine weitere wichtige Komponente, die in der Neoklassischen Ökonomik

---

[1] Viele weitere zentrale und in großen Teilen restriktive Annahmen, die der Neoklassischen Ökonomik zugrunde liegen, werden hier aus Platzgründen nicht weiter ausgeführt.

unterentwickelt ist, ist die modellendogene (d. h. aus dem ökonomischen Modell selbst heraus) Erklärung für die Existenz des technologischen Fortschritts. In der Evolutorischen Ökonomik nimmt dieser dagegen eine zentrale Rolle ein als Erklärung für die Existenz von ungleicher wirtschaftlicher Entwicklung.

Die prägenden Werke der Evolutorischen Ökonomik waren insbesondere die Werke von Joseph A. Schumpeter: Theorie der wirtschaftlichen Entwicklung (1912) sowie Capitalism, Socialism and Demokracy (1942). Allerdings bedurfte es erst einer kohärenten Formulierung und Modellierung einer evolutorischen Theorie wirtschaftlicher Veränderung durch Richard R. Nelson und Sidney G. Winter im Jahr 1982 (*An Evolutionary Theory Of Economic Change),* die dem Ansatz zum Durchbruch verhalf.[2]

Es dauerte danach aber noch fast zwei weitere Jahrzehnte, bevor die evolutorischen Ansätze auch in der Wirtschaftsgeographie Beachtung fanden. Seit Ender der 1990er-Jahre erfreut sich aber dieser Ansatz zunehmender Beliebtheit. Insbesondere Wissenschaftler an der Universität Utrecht um Ron Boschma und Koen Frenken (Niederlande), der Universität Lund (Schweden) und Wissenschaftler in Großbritannien (z. B. Ron Martin und Peter Sunley) haben geholfen, den Ansatz weiterzuentwickeln und seine Popularität zu steigern. Wichtige Beiträge zum Thema sind zum Beispiel: Boschma und Lambooy (1999), Martin und Sunley (2006), Boschma und Frenken (2007), Boschma und Martin (2010).[3]

8.2 Grundlagen der Evolutorischen Ökonomik

Im Folgendem wird nur das einfache Grundmodell der Evolutorischen Ökonomik vorgestellt, wie es von Nelson und Winter (1982) vorgeschlagen wurde, um ein Grundverständnis für den Ansatz zu legen sowie einige zentrale Begriffe einzuführen.

Die Grundannahme des Ansatzes von Nelson und Winter (1982) ist, dass wirtschaftliche Akteure sich nicht rational, sondern beschränkt rational verhalten. Vereinfacht gesagt bedeutet es, dass sie in Situationen der Unsicherheit über Entscheidungen nicht unbedingt die rational optimale (d. h. nutzenmaximierende Lösung) wählen, sondern die Lösung wählen, die ihre individuellen Ansprüche befriedigt (sogenanntes „*satisficing*"). Weiterhin nutzen sie zur Entscheidungsfindung bestimmte Heuristiken („Daumenregeln"), die sich in der Vergangenheit als vorteilhaft erwiesen haben. Diese ökonomischen Akteure berücksichtigen ihr soziales Umfeld, werden durch Gefühle geleitet und wenden nur beschränkte Ressourcen auf, um zusätzliche Informationen zu beschaffen.

Entsprechend dieser Grundannahmen stellt sich das Verhalten von wirtschaftlichen Akteuren nicht mehr wie in der Neoklassik als optimale Wahl zwischen bekannten, wohl-

---

[2] Noch immer ist die Neoklassische Ökonomik trotz aller Schwächen der vorherrschende Denkansatz in den Wirtschaftswissenschaften.

[3] Beide Listen erheben keinen Anspruch auf Vollständigkeit und entsprechen primär der subjektiven Wahrnehmung des Autors.

definierten Handlungsalternativen dar. Es entspricht eher ein von sogenannten *Routinen* geleitetes „Lavieren" in einem begrenzt überschaubaren Umfeld (Witt 2001). *Routinen* stellen ein zentrales Element der Evolutorischen Ökonomik dar. Unter Routinen werden Entscheidungsregeln bzw. wiederholtes Verhalten (gerade in unsicheren Situationen) verstanden, die ökonomische Akteure (Individuen und Organisationen) über die Zeit erlernt haben. Sie umfassen ihr gewöhnliches und erwartbares Verhalten. Routinen sind zum Beispiel, wie Organisationen an neue F&E-Projekte herangehen und ihre F&E-Aktivitäten organisieren. Ein Beispiel für eine Routine der Ebene eines Individuums ist die Art, wie wir nach neuen Informationen suchen (z. B. zuerst *„googeln"*, dann jemanden fragen). Routinen bilden sich über die Zeit heraus, indem eine Verhaltensweise in bestimmten Situationen wiederholt belohnt wird. Wenn diese Verhaltensweise hingegen wiederholt „bestraft" wird, kommt es zum Ausprobieren alternativer Verhaltensweisen, die sich gegebenenfalls dann durch positives Feedback als neue Routinen verfestigen.

Routinen sind somit entscheidend für den wirtschaftlichen Erfolg von Organisationen und können als eine Art soziales Äquivalent zu Genen in der Biologie angesehen werden. Über die Zeit erlernen Organisationen ganz verschiedene Routinen und unterscheiden sich deshalb in ihren Verhaltensweisen. Aus diesem Grund können Organisationen nicht wie in der Neoklassik durch einen „repräsentativen Akteur" approximiert werden. Stattdessen ist die Heterogenität der erlernten Routinen und damit der Eigenschaften der ökonomischen Akteure eine zentrale Säule des Ansatzes. Dies wird auch als sogenanntes *Populationsdenken* bezeichnet.

Aufbauend auf diesen Ideen nehmen Nelson und Winter (1982) Anleihe bei der Evolutionstheorie der Biologie und übertragen die Konzepte der Variation, Mutation, Selektion und Vererbung in den wirtschaftswissenschaftlichen Kontext. Über das permanente Erlernen neuer Routinen kommt es zur ständigen *Variation* der Eigenschaften der Organisationen und ihrer Routinen und somit zum Erhalt der Heterogenität innerhalb einer Population von Organisationen. Zufällige Ereignisse oder externe Schocks (Naturkatastrophen, politische Einflüsse, etc.) verstärken die Notwendigkeit für neue Verhaltensweisen, d. h. zur *„Mutation"* von Routinen. Die Idee der *Vererbung* spiegelt sich darin wider, dass Organisationen von erfolgreicheren Organisationen Routinen imitieren oder dass durch Ausgründungsprozesse ein Teil ihrer Routinen auf neue Organisationen übertragen werden. Der Marktmechanismus (Gewinn und Verlust) führt dazu, dass Routinen, die nicht erfolgreich sind, innerhalb von Organisationen aufgegeben oder verändert werden, bzw. dazu, dass ganze Organisationen und ihre Routinen verschwinden (Bankrott). Dies stellt das Äquivalent zur biologischen *Selektion* dar. Wichtig dabei ist, dass die Prozesse nicht deterministisch ablaufen und nicht notwendigerweise immer die „optimalen", d. h. gewinn-maximierenden Routinen und Organisationen übrig bleiben. Durch verschiedene Prozesse (einer wird nachfolgend vorgestellt) kann es dazu kommen, dass sub-optimale Routinen überleben und sogar in der Population dominieren.

Mit dieser einfachen erweiterten Analogie konnten Nelson und Winter (1982) einen in sich geschlossenen Ansatz entwickeln, der geeignet ist, wirtschaftliche Entwicklung zu modellieren. Allerdings beinhaltet der Ansatz noch keine Endogenisierung des technologischen

Fortschritts und würde somit eher zufällige Wirtschaftsentwicklungen in Abhängigkeit von sich ändernden Umweltbedingungen propagieren. Das Erlernen von neuen Routinen, die Aneignung von neuem Wissen sowie seiner Entstehung sind aus diesem Grund weitere wichtige Aspekte in der Evolutorischen Ökonomik.

Den Erklärungsgehalt, den dieser Ansatz dennoch hat, kann am Beispiel des Konkurrenzkampfes zwischen Apple und RIM bzw. am Aufstieg des iPhones und des Niedergangs des Blackberries illustriert werden.

So war die Firma RIM (Research In Motion) der unangefochtene Platzhirsch bei geschäftlichen Mobiltelefonen. Die Mobiltelefone verfügten über eine physische Tastatur und waren damit sehr gut geeignet, e-Mails schnell und effizient zu schreiben sowie diese sicher zu verschicken. Darum waren sie gerade bei Geschäftsleuten sehr beliebt und die Firma war entsprechend ökonomisch erfolgreich. RIM hatte darin eine Marktnische[4] gefunden und konzentrierte sich auf eine stetige Verbesserung dieser Funktionen.

Im Jahr 2007 brachte Apple das iPhone auf den Markt und mit ihm das erste Mal ein Mobiltelefon mit reinem Touchscreen und ausschließlich virtueller Tastatur sowie zugehöriger Softwareinfrastruktur. Der Erfolg des iPhones war atemberaubend. Bereits ein Jahr nach der Einführung hatte Apple einen Marktanteil von 10 % bei den weltweiten Smartphone-Verkäufen. Bis Ende 2011 wuchs er auf über 20 % an (Wikipedia 2015). Ein Großteil des Erfolgs ging zu Lasten von RIM und dem Blackberry, dessen Marktanteil von ca. 11 % (2007) am Smartphone-Markt auf unter 1 % Ende 2011 fiel. RIM versuchte den Erfolg von Apple zu kopieren und brachte ein eigenes Smartphone mit Touchscreen auf den Markt (der *Storm*). Dieses war allerdings nicht erfolgreich. Nach den Gründen dafür gefragt gaben die Verantwortlichen von RIM Folgendes bezüglich des iPhones zur Antwort (WSJ 2015):

- „By all rights the product should have failed, but it did not" (D. Yach, Chief Technology Officer, RIM, zitiert nach WSJ 2015)
- „I learned that beauty matters….RIM was caught incredulous that people wanted to buy this thing" (D. Yach, Chief Technology Officer, RIM, zitiert nach WSJ 2015)
- „Offering mobile access to broader Internet content was not a space where we parked our business." (co-CEO Mike Lazaridis, zitiert nach WSJ 2015)

In anderen Worten, die Manager bei RIM konnten den Erfolg des iPhones nicht nachvollziehen. Die kurze Batterielaufzeit, die Schwächen des Netzbetreibers sowie die ineffiziente virtuelle Tastatur hätten in den Augen RIMs das iPhone scheitern lassen müssen. Die Verantwortlichen bei RIM konnten sich auch nicht vorstellen, dass ihre Kunden, die sich bisher gerade von der Sicherheit und Effizienz des Blackberries angetan gezeigt hatten, auf einmal darauf verzichten wollten, wenn sie dafür mobilen Zugang zum Internet und entsprechenden Unterhaltungsdiensten (z. B. Youtube) bekommen würden. Die Zitate verdeutlichen aber noch etwas. Nicht nur, dass der Erfolg des iPhones für RIM nicht

---

[4] Nokia war der dominierende Hersteller von Mobiltelefonen zu dieser Zeit.

nachvollziehbar war, die Manager erkannten, dass das iPhone den Markt grundlegend verändert hatte: „*we learned that beauty matters*". Das war aber nichts, womit sich RIM auskannte bzw. entsprechende Routinen erlernt hatte, um sich den veränderten Marktbedingungen anzupassen. Co-CEO von RIM, Jim Balsille, brachte es auf den Punkt:

> „We're grappling with who we are because we can't be who we used to be anymore, which sucked ... It's not clear what the hell to do." (RIM co-CEO Jim Balsille, zitiert nach WSJ 2015).

Der Firma RIM fehlten die nötigen Routinen (z. B. bei der Entwicklung neuer Produkte stärker auf Ästhetik zu achten), um am Markt zu bestehen („*It's not clear what the hell to do.*"). Diese konnten auch nicht auf die Schnelle erworben werden und so wurde das Unternehmen bzw. seine Produkte wurden vom Markt aussortiert. Ein ähnliches Schicksal wie das von RIM traf nur ein paar Jahre später die Firma Nokia (Finnland), die durch asiatische Hersteller (allen voran Samsung) so gut wie vollständig vom Markt verdrängt wurde und auch nicht in der Lage war, ihre eigenen Routinen, die plötzlich nicht mehr erfolgreich waren, schnell anzupassen.

Das zeigt, dass es Organisationen schwer fällt, Verhalten, das in der Vergangenheit erfolgreich war und somit im Routinenset der Organisationen fest verankert ist, zu ändern, obwohl es redundant bzw. ökonomisch nicht mehr erfolgmaximierend geworden ist. Diese Unfähigkeit zur radikalen Veränderung betrifft aber nicht nur einzelne Organisationen. In manchen Fällen sind ganze technologisch-ökonomische Systeme davon betroffen, wie nachfolgend ausgeführt wird.

8.3 Das Konzept der Pfadabhängigkeit

Erfolgreiche (d. h. in einer Population weit verbreitete) Routinen müssen nicht immer diejenigen sein, die aus ökonomischer Sicht optimal sind und die besten Resultate liefern. Ein Grund dafür, dass solche Situationen entstehen können, sind sogenannte *Pfadabhängigkeiten*.

Die Idee der Pfadabhängigkeit wurde von Brian Arthur (1994) und Paul David (1985, 2001) in die Wirtschaftswissenschaften eingebracht und fand insbesondere in der Evolutorischen Ökonomik schnell Anklang. Die Kernaussage des Konzepts der Pfadabhängigkeit ist, dass zeitlich vorgelagerte und distanzierte Ereignisse zeitlich nachfolgende Ereignisse beeinflussen können. Auf die Ökonomik übertragen bedeutet es, dass die heutige ökonomische Landschaft ein Resultat der wirtschaftlichen Entwicklungen in der Vergangenheit ist, wobei eine gewisse zufällige Komponente (z. B. Kriege, politische Entscheidungen, Naturkatastrophen, etc.) in diesem Zusammenhang ebenfalls eine Rolle spielt. Pfadabhängigkeiten bedeutet nicht, dass die Entwicklung deterministisch ist und man vom heutigen Zustand auf einen früheren Zustand eines technologisch-ökonomischen Systems schließen kann. Pfadabhängigkeiten bedeuten, dass Ereignisse in der Vergangenheit die Wahrscheinlichkeit für das Auftreten bestimmter Situationen in der Zukunft verringern.

8.3 Das Konzept der Pfadabhängigkeit

Pfadabhängigkeiten können dazu führen, dass sozio-ökonomische Entwicklungen Ergebnisse hervorbringen, die nicht „optimal" in ökonomischer und technologischer Sicht sind. Das heißt, es gibt objektiv bessere (und bekannte) Alternativen, die aber dennoch nicht zur Anwendung kommen (siehe für eine Diskussion Sydow et al. 2009).

Das klassische Beispiel für Pfadabhängigkeiten ist die Anordnung der Tasten auf der handelsüblichen PC-Tastatur, die sogenannte QWERTY- (in den USA) bzw. QWERTZ- (in Deutschland) Anordnung (siehe Abb. 8.1). Die QWERTY-Anordnung ist in der westlichen Welt ein Quasi-Standard und so gut wie auf allen Laptops und PC-Tastaturen zu finden. Allerdings ist sie nur optimal für mechanische Schreibmaschinen, für die sie ursprünglich entwickelt worden ist. Bei diesen Schreibmaschinen waren die Buchstabenstempel auf mechanischen Hebeln angebracht, die sie gegen das Farbband stießen. Wenn bei diesen Maschinen bestimmte Buchstabenkombinationen schnell hintereinander gedrückt wurden, konnte es dazu kommen, dass sich diese Hebel verhakten und nicht weitergeschrieben werden konnte. Die QWERTY Anordnung minimiert die Wahrscheinlichkeit, dass es zu diesem Ereignis kommt. Gleichzeitig maximiert sie aber potentiell mögliche Schreibgeschwindigkeit, indem häufige Buchstaben primär durch die beweglicheren Finger bedient werden. Seit der Erfindung der elektronischen Schreibmaschine und insbesondere mit der Einführung des PCs ist diese Abwägung zwischen der Wahrscheinlichkeit des Verhakens und der Schreibgeschwindigkeit aber nicht mehr nötig. Andere Tastaturanordnungen wären aus heutiger Sicht besser, da sie die Schreibgeschwindigkeit z. T. deutlich erhöhen würden (z. B. Dvorak-Tastatur). Doch warum wurde die QWERTY-Tastatur beibehalten?

Die Antwort darauf liefert die Theorie der Pfadabhängigkeiten, in der die QWERTY-Tastatur einen sogenannten technologischen *lock-in* darstellt. Dieser manifestiert sich darin, dass die Anreize, das bestehende System zu verlassen, geringer sind als die, auf ein

Abb. 8.1 QWERTY-Tastatur

neues und potentiell besseres System umzusteigen. Bei einem Wechsel von QWERTY zu einer anderen Tastatur müssten alle Personen, die einen Schreibmaschinenkurs besucht haben, umlernen und die dazugehörigen Lehrbücher angepasst werden. Natürlich müssten auch alle vorhanden Tastaturen ausgetauscht werden. Obwohl sich die Schreibgeschwindigkeiten generell erhöhen würden, reicht dies als ökonomischer Anreiz nicht aus, auf eine neue Tastatur zu wechseln. Dies ist aber nur ein Beispiel von vielen dafür, dass Ereignisse in der Vergangenheit (z. B. die mechanische Schreibmaschine) noch immer ökonomische Auswirkungen in der heutigen Zeit haben.

Eine pfadabhängige Entwicklung kann in verschiedene Phasen unterteilt werden (Abb. 8.2). Am Anfang einer Entwicklung (Phase I) stehen eine Vielzahl von Optionen zur Auswahl (z. B. verschiedene Tastaturlayouts). Durch die Wahl einer dieser Optionen („*critical juncture*") kommt es zu einem selbstverstärkenden Prozess (z. B. Skaleneffekten, die später diskutiert werden), der Phase II kennzeichnet. In dieser Phase entfallen immer mehr der ursprünglichen Alternativen und es wird immer schwieriger, die ursprüngliche Wahl zu ändern. Aber auch in dieser Phase ist das Ergebnis noch nicht determiniert, da noch Alternativen vorhanden sind. Dies ändert sich erst in Phase III, in welcher der eingeschlagene Weg „alternativlos" geworden ist („lock-in").

Im Bereich der Wirtschaftsgeographie hat Grabher (1993) eine vergleichbare Situation im Ruhrgebiet in den 1970er-Jahren festgestellt. Hier kam es zur Herausbildung eines regionalen *lock-ins*. Dies bedeutet, dass die Region sich wirtschaftlich nicht mehr von alleine erneuern kann, da Entwicklungsalternativen durch Ereignisse in der Vergangenheit zu einem späteren Zeitpunkt nicht mehr zugänglich sind. Im Ruhrgebiet war das Ereignis die seit Ende des 19. Jahrhunderts starke Fokussierung auf die damals sehr erfolgreiche Montanindustrie, was Strukturen geschaffen hat, die bestimmte wirtschaftliche Entwicklungen in den 1970er-Jahren hervorriefen.

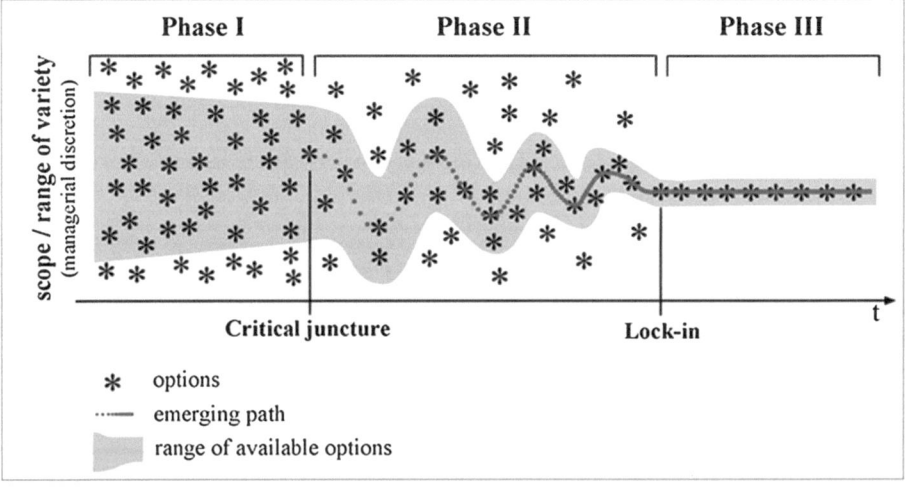

Abb. 8.2 Entwicklung einer Pfadabhängigkeit. Quelle: Sydow et al. 2009, S. 692

8.3 Das Konzept der Pfadabhängigkeit

> „[T]he initial strengths of the industrial districts of the past – their industrial atmosphere, highly developed and specialized infrastructure, the close interfirm linkages, and strong political support by regional institutions – turned into stubborn obstacles to innovation. Regional development became ‚locked in' by the very socioeconomic conditions that once made these regions ‚stand out against the rest'" (Grabher 1993, S. 256).

Als grundlegende Ursache für solch einen regionalen *lock-in* sieht Grabher (1993) die engen Beziehungen zwischen den Kernfirmen der Montanindustrie und ihren Zulieferern in dieser Region. Diese haben sich im Ruhrgebiet über eine lange Zeit herausgebildet, was dazu geführt hat, dass die Innovationsaktivitäten der Zulieferer primär auf die Bedürfnisse der Montanindustrie ausgerichtet waren und dass sich enge soziale Beziehungen zwischen den Mitarbeitern der Firmen entwickelt haben, die professionelle Marketing- und Vertriebsstrukturen ersetzten. Dies hat sich mit der Zeit auch auf die kognitive und politische Struktur der Region übertragen. So dominierte in dieser Region eine relativ einheitliche „Weltsicht", die sich darin äußerte, dass die Stahlkrise in den 1970ern lange Zeit nur als konjunkturelle Delle und nicht als Strukturwandel angesehen wurde.

Auf politischer Ebene zeigt sich der *lock-in* darin, dass wirtschaftspolitische Maßnahmen auf die Kernindustrie der Region konzentriert werden (siehe auch Hassink 2005). Politische Innovationen und Neuansiedlungen von anderen Industrien werden in diesem Fall bewusst blockiert oder durch die Fokussierung der Mittel auf die dominierende Industrie nicht gefördert. Das war im Ruhrgebiet nicht anders:

> „The close formal and informal relations among these groups [Industrie- und Politikvertreter, Gewerkschaften], which were colloquially labelled Filz (venality), let to a strong alliance supporting the coal, iron and steel-complex" (Grabher 1993, S. 264).

Regionen können solchen Entwicklungen nur schwer entrinnen. So wurden ähnliche Beobachtungen für den deutschen Schiffbau an der Nord- und Ostseeküste (Fornahl et al. 2012) und in einem geringeren Ausmaß auch für die deutsche Textilindustrie (Hassink 2007) gemacht.

Allerdings können in einigen Fällen neue Industrien, die ähnliche Ansprüche an regionale Produktionsfaktoren und Infrastrukturen stellen wie die alten dominierenden Industrien, neue wirtschaftliche Entwicklungsmöglichkeiten für Regionen in einem *lock-in* eröffnen. So eine Situation scheint zurzeit in Bezug auf den Windkraftanlagenbau zu existieren, der sich die nicht mehr genutzte Infrastruktur des Schiffsbaus in Norddeutschland zunutze macht (Fornahl et al. 2012).

Es gibt mehrere Gründe für die Entstehung von Pfadabhängigkeiten, die in lock-ins gipfeln können, von denen hier nur einige kurz aufgeführt werden:

- Skaleneffekte: Bei manchen Technologien vergrößert sich ihr Nutzen, je häufiger sie zur Anwendung kommen. Entsprechend steigt mit zunehmender Anwendung und dem damit größer werdenden Nutzen die Wahrscheinlichkeit, dass die Technologie beibehalten und fortentwickelt wird, was wiederum ihre Attraktivität weiter erhöht. Die QWERTY-Tastatur ist hierfür ein gutes Beispiel.

- Unumkehrbarkeiten: In diesem Fall können bestimmte technologische Entwicklungen nicht mehr angehalten oder umgedreht werden. Ein Beispiel hierfür ist die Nukleartechnologie. Mit der Entdeckung der Atomspaltung ging die Möglichkeit einer friedlichen sowie militärischen Nutzung einher. Aufgrund letzterer wäre es eventuell vorteilhafter, diese Technologie wieder „abzuschaffen", was allerdings praktisch unmöglich ist. Auch das Aufbrauchen von natürlichen Ressourcen und die damit verbundene Nicht-Weiternutzung bestimmter Technologien, die diese Ressourcen benötigen, fallen in diese Kategorie.
- Herausbildung von Institution, (An-)Gewohnheiten, Konsumentenpräferenzen: In einigen Fällen kommt es zur Verfestigung von Technologien in Institutionen, Gebräuchen, Traditionen und Präferenzen, welche bestimmte Technologien dauerhaft in Gebrauch halten. So erleben heutzutage Mikrobrauereien wieder ein Comeback, obwohl die darin verwendeten Technologien deutlich ineffizienter sind als diejenigen der großen kommerziellen Brauereien. Auch bei anderen Dingen zeigt sich eine Präferenz für handgemachte Dinge, obwohl deren Herstellung mittels neuerer Technologien vielfach effizienter und ökonomisch sinnvoller wäre. Der regionale Lock-in, den Grabher (1993) dem Ruhrgebiet attestiert, fällt ebenfalls weitestgehend in diese Kategorie, da die herausgebildeten sozialen und politischen Institutionen und Gewohnheiten die wirtschaftliche Entwicklung auf einen bestimmten Pfad beschränkt haben.
- Einschränkungen beim Suchprozess nach technologischen Lösungen: Wie im Abschn. 2.5 und 5.2 diskutiert wurde, engt die vorhandene absorptive Kapazität die Suchmöglichkeiten von Organisationen auch in technologischer Hinsicht ein. Neues Wissen kann deutlich leichter erlernt oder generiert werden, wenn es sich nicht grundsätzlich von dem bereits angeeigneten Wissen unterscheidet. Der Prozess des Innovierens ist mit großen Unsicherheiten und Risiken behaftet. Es ist für gewöhnlich nicht mit Bestimmtheit vorherzusehen, ob eine eingeschlagene Forschungsrichtung erfolgreich sein wird oder nicht. Daher forschen viele Organisationen möglichst nahe an oder sogar in ihrem bisherigen Wissensgebiet, da sie hier noch am ehesten absehen können, wie das Ergebnis aussehen wird. Auch werden erst durch das Benutzen von Technologien neue Anwendungsmöglichkeiten und Weiterentwicklungsmöglichkeiten dieser deutlich. Insofern verstärkt die Nutzung einer Technologie die Entdeckung weiterer Nutzungsmöglichkeiten bzw. ihre Weiterentwicklung. Entsprechend werden Innovationen und neues Wissen tendenziell dem bekannten Wissen ähneln bzw. darauf aufbauen.
- Infrastruktur und natürliche Ressourcen: Die Ausstattung einer Region mit Infrastruktur und natürlichen Ressourcen kann für ihre wirtschaftliche Entwicklung eine wichtige Rolle spielen. Regionen, die etwa über Erdölvorkommen verfügen, können kaum umhin, als sich auf die Ausbeutung dieser Ressource zu spezialisieren. In vielen Fällen erlangt diese Industrie eine so große Bedeutung für die Region, dass sich daraus langfristig regionale *lock-ins* ergeben können, wie Grabher (1993) es für das Ruhrgebiet aufgezeigt hat. Ähnliches gilt für große und spezielle Infrastrukturprojekte. Ein Überseehafen dominiert im Regelfall die ihn umgebende Region aufgrund seiner Größe und überregionaler wirtschaftlicher Bedeutung. Wirtschaftliche Aktivitäten, die keinen

Bezug um Hafen haben, bekommen aus diesem Grund weniger Unterstützung von politischer Seite in dieser Region bzw. können regionale institutionelle Bedingungen nicht hinreichend formen, so dass eine Diversifikation der Region in vom Hafen unabhängige Aktivitäten unterbleibt.

Wie bereits am Beispiel des Ruhrgebiets angeführt, spielen pfadabhängige Prozesse für die technologische und ökonomische Entwicklung von Regionen eine zentrale Rolle. Dies wird in der Evolutorischen Wirtschaftsgeographie detaillierter betrachtet.

8.4 Die Evolutorische Wirtschaftsgeographie

Die Evolutorische Wirtschaftsgeographie baut auf den Grundlagen der Evolutorischen Ökonomik auf und übernimmt von dort die mikroanalytischen Grundlagen (Routinen, Heterogenität, Variation und Selektion, etc.). Damit fungiert die Organisationsebene als die „Mikroebene" der Evolutorischen Wirtschaftsgeographie und es wird eine Populationsperspektive eingenommen. Die Populationen sind in vielen Fällen die Organisationen einer Branche, deren langfristige ökonomische und räumliche Entwicklung untersucht werden soll. In der Evolutorischen Wirtschaftsgeographie (EWG) wird auch intensiv auf das Konzept der pfadabhängigen Entwicklungen zurückgegriffen, wobei das Hauptaugenmerk vieler Studien eher auf dem Entstehen neuer Branchen und nicht so sehr auf deren späterer Entwicklung (z. B. *lock-ins*) liegt. Ein Forschungsstrang der EWG interessiert sich dabei insbesondere für Wechselwirkungen zwischen den Standorten und den Regionen, in denen die Organisationen angesiedelt sind, und der Entwicklung ihrer Branche (Schamp 2012).

Komplementiert wird dieser Strang durch Studien, die stärker in klassisch wirtschaftsgeographischer Tradition stehen. In diesen wird eine ausgeprägte territoriale Perspektive eingenommen und die raum-zeitliche Entwicklung von Clustern, räumlichen Industrieagglomerationen und ganzen Regionalwirtschaften untersucht. Hier erfolgt ein Rückgriff auf die Ideen der Externalitäten (MAR, Jacobs, Urbanisation), die allerdings mehr als in früheren Studien dynamisch konzipiert werden (Schamp 2012). So wird beispielsweise in Bezug auf die relative Wichtigkeit der verschiedenen Externalitätenarten eine Änderung dieser über den Lebenszyklus von Branchen (siehe Exkurs 8) nachgewiesen. Darauf aufbauend zeigen Studien, dass MAR-Externalitäten an Relevanz gewinnen, wenn die Branche in ihrem Lebenszyklus voranschreitet, d. h. sich weiterentwickelt und älter wird. Jacobs-Externalitäten und Urbanisierungsexternalitäten scheinen dagegen an Bedeutung zu verlieren, je weiter eine Branche in ihrer Entwicklung vorangeschritten ist (Neffke et al. 2011a).

Die Evolutorische Wirtschaftsgeographie befindet sich noch in einer frühen Entwicklungsphase. So gibt es kein kohärentes Theoriegebäude und viele Ideen und Konzepte wurden aus anderen Denkschulen und Theorieansätzen importiert und miteinander vermischt. Bis auf wenige Ausnahmen sind auch die wirtschaftspolitischen Implikationen der EWG noch recht limitiert, da der häufig auf langfristig Entwicklungen ausgerichtete Charakter der Untersuchungen mit der eher kurzfristig orientierten Wirtschaftspolitik konfliktiert. Allerdings wird in der EWG betont, dass alle kurzfristigen Maßnahmen nur im Rahmen langfristiger Entwicklungen stattfinden und die Berücksichtigung langfristiger Entwicklungstrends die Effektivität der Maßnahmen deutlich erhöhen kann. Dies wird im Konzept des *regional branching* sehr gut deutlich.

8.5 Regional branching

Die Entwicklung des *regional branching* ist (bisher) eines der erfolgreichsten „Produkte" der Evolutorischen Wirtschaftsgeographie, da es grundlegende wirtschaftsgeographische Fragestellungen mit der evolutorischen Theorie verbindet und das Ableiten von wirtschaftspolitischen Implikationen erlaubt.

Der Ausgangspunkt der Überlegungen des *regional branching* ist die Erkenntnis, dass sich Regionen wirtschaftlich erfolgreicher entwickeln, wenn die Mehrzahl der in ihnen ansässigen Branchen dies tun. Entsprechend hängt der wirtschaftliche Erfolg von Regionen davon ab, ob wirtschaftlich erfolgreiche Branchen in ihnen angesiedelt sind. Die Idee des Industrielebenszyklus (siehe Exkurs 8) legt weiterhin nahe, dass Branchen sich besonders dann wirtschaftlich gut entwickeln, wenn sie sich in ihrer Wachstumsphase befinden. Damit rücken junge Branchen in den Fokus, da diese (in der nahen Zukunft) über das größte Entwicklungspotential verfügen. Junge Branchen basieren im Regelfall auf radikalen Innovationen und neuen Technologien. Das bedeutet, dass Regionen, in denen es häufig zur Entwicklung von Innovationen und der Entstehung von neuen Technologien kommt, potentiell auch eher zum Standort neuer junger Branchen werden. Entsprechend sollten sie auch über ein höheres Wachstumspotential verfügen als Regionen mit primär reifem Branchenbesatz. Die Aushängeschilder für eine Region mit vielen jungen Branchen sind das Silicon Valley (siehe Exkurs 1) und eine Region mit altem Industriebesatz und entsprechend negativer wirtschaftlicher Entwicklung das Ruhrgebiet (siehe Abschn. 8.3 und Grabher 1993).

Regional branching beschäftigt sich im Kern mit der Frage, wo im geographischen Raum neue Technologien (oder Industrien) entstehen und welche Regionen die besten Voraussetzungen dafür haben, dass es zur Entstehung neuer Technologien (oder Industrien) kommt.[5] *Regional branching* ist hier als langfristiger Prozess der Verästelung regionaler Branchen zu verstehen. Das Konzept ist eng mit den zentralen Begriffen der Evolutorischen Ökonomik wie Pfadabhängigkeit, Variation, Vererbung und Selektion verknüpft.

---

[5] Die Argumentation des *regional branching* kann sowohl auf Industrien als auch auf Technologien angewendet werden. Im Folgenden wird der Einfachheit halber nur noch von Technologien gesprochen.

Exkurs 8: Industrielebenszyklus, basierend auf Gort und Klepper (1982)
Das Industrie-Lebenszyklus-Konzept beschäftigt sich mit der Frage wie sich die Anzahl der Firmen einer Industrie über den Zeitablauf verändert. Es wird dabei zwischen drei oder auch vier Phasen unterschieden. Die Phasen sind die Entwicklungsphase, die Wachstumsphase, die Reifephase und fallweise die Schrumpfungsphase. In der Entwicklungsphase formiert sich die Industrie aus wenigen Unternehmen und schafft die technologischen Grundlagen für ihre weitere Entwicklung. In der Wachstumsphase erhöhen sich die Umsätze und Gewinne der Unternehmen, neue Märkte werden eröffnet und viele neue Firmen treten in die Industrie ein. In der Reifephase kommt es nur noch zu wenigen Unternehmenseintritten, die Marktstrukturen verfestigen sich. Häufig beginnt hier die Konsolidierungsphase, d. h., große Unternehmen übernehmen kleinere. Die Ausschöpfung des Wachstumspotenzials und der hohe Wettbewerbsdruck führen oft zu fallenden Gewinnen in dieser Phase. In der Schrumpfungsphase kommt es zu einer Beschleunigung der rückläufigen Firmenanzahl in der Industrie aufgrund von Marktaustritten und verstärkter Konsolidierung.

Der Grundgedanke hinter dem *regional branching* ist die Idee der technologischen Verwandtschaft („*relatedness*") und der verwandten Vielfalt („*related variety*"). Wie in Abschn. 5.2 diskutiert, ist der Wissenstransfer zwischen Organisationen besonders dann erfolgsversprechend, wenn sie durch eine optimale kognitive Distanz gekennzeichnet sind. In diesem Fall ist die Wissenstransfereffizienz besonders hoch und gleichzeitig das Neuigkeitspotential einer Verbindung der Wissenssegmente hinreichend groß. Frenken et al. (2007) argumentieren, dass solche Konstellationen oft vorliegen, wenn die Organisationen in miteinander verwandten („*related*") Technologien aktiv sind. Verwandte Technologien gehören zum gleichen übergeordneten Wissensgebiet bzw. haben sich auf der gleichen technologischen Grundlage entwickelt (z. B. Elektronik und Elektrotechnik) (siehe auch Abschn. 5.2). Gleichzeitig wurde in Kap. 3 und Kap. 5 herausgearbeitet, dass geographische Nähe direkt oder indirekt (z. B. als Korrelation mit anderen Arten der Nähe) den Wissenstransfer zwischen Organisationen wahrscheinlicher und effizienter macht.

Frenken et al. (2007) kombinieren beide Argumente zur Idee der verwandten Vielfalt („*related variety*"): Regionen mit vielen Organisationen, die in verwandten Wissensgebieten/Technologien operieren, sind prädestiniert dafür, dass es in ihnen zur Herausbildung von Innovationen und neuen Technologien kommt. Die geographische Nähe fördert interorganisationale Wissenstransfers, in deren Folge es zur (Re-)Kombination von Wissenssegmenten kommt. Diese entstammen in solchen Regionen in vielen Fällen verwandten Wissensgebieten, was bedeutet, dass sie in optimaler kognitiver Distanz zueinander liegen. Die Wissenstransfers können somit hinreichend effizient realisiert werden und führen gleichzeitig zu technologisch-ökonomisch wertvollen Innovationen.

Daraus lässt sich der Prozess des *regional branching* ableiten, der einen pfadabhängigen Entwicklungsprozess regionaler Wirtschaftssysteme beschreibt. In Regionen, deren Technologieprofil durch ein hohes Maß an verwandter Vielfalt gekennzeichnet ist, werden häufiger neue Technologien erfunden, die zur Herausbildung von neuen, verwandten Branchen führen. Entsprechend weisen diese Regionen eine höhere Diversifikationsfrequenz auf (da sich hierdurch das technologisch-ökonomische Profil einer Region erweitert) als Regionen, in denen diese Strukturen nicht gegeben sind. Gleichzeitig haben die neu entstandenen Branchen in diesen Regionen eine hohe Überlebenswahrscheinlichkeit, da sie auf die regional vorhandenen Ressourcen der verwandten Branchen zurückgreifen können und diese Ressourcen durch ihre technologische Verwandtschaft komplementär und leicht nutzbar sind. In Regionen, in denen nur wenig verwandte Branchen ansässig sind, ist die entsprechende Überlebenswahrscheinlichkeit durch das Fehlen von komplementären und einfach nutzbaren Ressourcen geringer.

Das kann an einem Beispiel verdeutlicht werden. Angenommen, es kommt zur Innovation im Bereich der IuK-Technologie und zur Gründung von Unternehmen in einer neuen IuK-basierten Branche, die auf dieser Innovation aufbaut. Das Unternehmen **A** ist in einer Region ansässig, in der es viele Unternehmen der Elektrotechnik gibt, wohingegen das andere Unternehmen **B** in einer primär landwirtschaftlich geprägten Region angesiedelt ist. Beide Firmen wollen wachsen und brauchen dazu neue Mitarbeiter. Unternehmen **A** kann diese relativ leicht von den Elektrotechnikfirmen in seiner Region rekrutieren, da hier Kenntnisse der IuK-Technologie ebenfalls weit verbreitet sind und es entsprechend viele Softwareingenieure gibt. Für diese ist das Jobangebot auch deshalb attraktiv, weil sie in der gleichen Region bleiben können (siehe Abschn. 3.5). Unternehmen **B** dagegen findet nur wenige neue Mitarbeiter in der Region, da Programmierfähigkeiten in landwirtschaftlichen Betrieben tendenziell in geringerem Maße gebraucht werden. Entsprechend muss das Unternehmen Mitarbeiter aus anderen Regionen anlocken, was ihm nur durch höhere Löhne gelingt, die aber seine Wettbewerbsfähigkeit und damit seine Überlebenswahrscheinlichkeit senken. Alternativ zieht das Unternehmen in eine andere Region mit komplementäreren Humankapitalstrukturen um. In beiden Fällen würde das Unternehmen und damit auch die neue Branche aus der Region wieder verschwinden. Dabei ist zu beachten, dass der Fall ganz anders aussieht, wenn es sich um eine Innovation und eine neue Branche in der Lebensmitteltechnologie handelt. In diesem Fall nutzt Unternehmen **A** die Präsenz der Elektrotechnikindustrie nicht, dafür könnte **B** einfacher wachsen, da das Unternehmen auf das bereits vor(aus)gebildete Humankapital der Agrarindustrie zurückgreifen kann, dessen Wissen komplementär zu den Anforderungen der Lebensmitteltechnologie ist. Ähnliche Argumentationen können auch für andere Ressourcen geführt werden. So ist die Infrastruktur der Schiffbauhersteller in vielen Fällen komplementär zu den Anforderungen der Windkraftanlagenproduzenten (große Hallen, Zugang zu Schwertransportmöglichkeiten). Das führt dazu, dass Windkraftanlagenproduzenten häufig ehemalige Schiffbauareale nutzen und Regionen, in denen diese Infrastruktur vorhanden war, bessere Bedingungen für die neue Branche bieten als Regionen, die in anderen Bereichen spezialisiert waren (siehe Fornahl et al. 2012).

Im Prozess des *regional branching* wird weiterhin berücksichtigt, dass neue Technologien immer verwandt sind mit den Technologien, aus denen sie entstanden sind. Dies ergibt sich daraus, dass sie aus Kombination der Wissenssegmente dieser Technologien entstanden sind. Das schafft ein Potential für einen selbstverstärkenden Prozess. In Regionen mit hoher verwandter Vielfalt kommt es häufiger zu Innovationen und zur Entstehung von Technologien als in Regionen, deren Technologieportfolio nicht durch hohe technologische Verwandtschaftsgrade gekennzeichnet ist. Die neu entstandenen Technologien sind aber wieder mit den regionalen Technologien verwandt und erhöhen somit den

Verwandtschaftsgrad innerhalb des regionalen Technologieportfolios weiter. Das wird verstärkt dadurch, dass die entstandenen verwandten Technologien höhere Überlebenswahrscheinlichkeiten in diesen Regionen haben als solche, die sich durch einen geringeren Verwandtschaftsgrad auszeichnen. Die Zunahme des Verwandtschaftsgrades erhöht wiederum die Wahrscheinlichkeit neuer Innovationen und der Prozess beginnt erneut.

Zusammengefasst stellt sich das *regional branching* als ein Prozess dar, der die folgenden Elemente umfasst:

- Höhere technologische Diversifikationsfrequenz in Regionen mit verwandten Technologie- und Branchenportfolios („*related variety*")
- Höhere Überlebenswahrscheinlichkeit von Technologien und Branchen in Regionen mit vielen verwandten Technologien und Branchen
- Neuentstandene Technologien und Branchen erhöhen den Verwandtschaftsgrad der regionalen Technologie- und Branchenportfolios weiter

Wichtige Mechanismen, die das *regional branching* treiben, sind die Diversifikationsaktivitäten von Unternehmen, Unternehmensausgliederungen und Spin-offs, sowie die Wissenstransfermechanismen aus Kap. 3. Allen ist gemein, dass sie sowohl eine starke kognitive als auch geographische Komponente besitzen.

Unternehmen diversifizieren sich häufig in neue Märkte, die ähnlich (verwandt) zu den bisher von ihnen bedienten Märkten sind (Helfat und Lieberman 2002). Gründe dafür sind u. a. das Ausnutzen von Skaleneffekten bei der Produktion von Produkten. Bei ähnlichen Produkten sind viele Komponenten häufig identisch und können somit in größerer Stückzahl und mit sinkenden Stückkosten produziert werden. Auch hilft Unternehmen das akkumulierte Wissen aus den Ursprungsmärkten (Marketing, Vertrieb, etc.) um erfolgreich in neue Märkte einzusteigen, wenn diese ähnlich funktionieren und diese Erfahrungen nicht erst neu gesammelt werden müssen. Dabei findet die Diversifikation in neue Märkte häufig an bereits existierenden Standorten der Unternehmung statt (die Produktion neuer Produkte erfolgt oft an den alten Produktionsstandorten), so dass die (technologische) betriebliche Diversifikation regional erfolgt und den Prozess des *regional branching* treibt.

Ein anderer Mechanismus des *regional branching* sind Spin-off-Aktivitäten, die einen Hintergrund in verwandten Branchen haben (siehe Exkurs 9). Klepper (2007) sowie Boschma und Wenting (2007) demonstrieren am Beispiel der Automobilindustrie, dass Spin-offs mit Ursprung in verwandten Branchen, wie der Kutschenindustrie, von ihren Fähigkeiten und Erfahrungen profitieren und sich gegenüber Neugründungen ohne diesen Vorzug im Markt besser behaupten können. Spin-offs tendieren weiter dazu, sich in der Nähe ihrer Mutterorganisation zu gründen, so dass ihre technologisch verwandten Aktivitäten in der Region verbleiben.

Auch viele der in Kap. 3 vorgestellten Wissenstransfermechanismen unterstützen das *regional branching*. So setzt die Wissensabsorption eine hinreichende absorptive Kapazität voraus, was mit einer relativ geringen kognitiven Distanz zwischen Wissensquelle und lernender Organisation einhergeht. Wie in Kap. 3 gezeigt, werden alle interorganisationalen

Wissenstransferprozesse durch die geringe räumliche Distanz zwischen Organisationen stimuliert. So erfolgt zum Beispiel die Mehrzahl der Arbeitsplatzwechsel innerhalb recht kleiner geographischer Einheiten und häufig zwischen miteinander verwandten Branchen, was dazu führt, dass sich verwandtes Wissen im Raum agglomeriert (Eriksson 2011; Neffke et al. 2011b; Timmermans und Boschma 2014). Entsprechend diffundiert Wissen mit höherer Wahrscheinlichkeit zuerst zwischen Organisationen in geringen kognitiven und geographischen Distanzen, d. h. zwischen technologisch verwandten Organisationen innerhalb einer Region (Breschi und Lissoni 2009). Damit sind diese Organisationen auch prädestiniert dafür, diese verwandten Wissenssegmente zu (re-)kombinieren und das technologische Profil der Region in technologisch verwandte Gebiete zu erweitern.

Allerdings darf das *regional branching* weder als deterministischer noch als immer positiv einzuschätzender Prozess gesehen werden. So können sich neue Technologien zum Beispiel auch ohne Bezug zur vorhandenen regionalen Wissensbasis entwickeln, wenn Organisationen Wissenssegmente kombinieren, die von außerhalb der Region absorbiert worden sind. Wenn diese Organisation über genügend interne Ressourcen verfügt, dann kann auch ein Überleben dieser Technologie in der Region langfristig sichergestellt werden. Ein Beispiel dafür sind öffentliche Forschungsinstitute. Diese können, müssen aber nicht, in Regionen angesiedelt werden, in denen verwandte Technologien vorhanden sind. Auf jeden Fall sind ihre Aktivitäten unabhängig von der regionalen Wirtschaft, da sie im Regelfall von der öffentlichen Hand finanziell unterstützt werden.

Der technologisch-pfadabhängigen Prozess des *regional branching* kann weiterhin durch bestimmte Ereignisse unterbrochen werden. Dazu gehören Kriege, politische Interventionen, das Verhalten einzelner bedeutender Unternehmerpersönlichkeiten etc.

Das *regional branching* kann auch zu einer Verengung des regionalen technologischen Profils führen. So bedeutet technologische Verwandtschaft zwar das Vorhandensein einer gewissen technologischen Unterschiedlichkeit bzw. kognitiven Distanz, aber diese ist bei unverwandten Technologien (sogenannte unverwandte Vielfalt „*unrelated variety*") noch größer. Wie in Abschn. 5.2 diskutiert, bietet gerade die Kombination von sehr unterschiedlichen und technologisch fremden Wissenssegmenten das größte Potential für radikale Erfindungen. Dieses wird bei einer Kombination von verwandten Wissenssegmenten nicht ausgeschöpft. Es kann daher argumentiert werden, dass die Existenz von unverwandter Vielfalt in Regionen die Grundlage für radikale Innovationen ist. Dagegen gewährleistet verwandte Vielfalt eher, dass es zu einer kontinuierlichen Entwicklung von inkrementellen Innovationen kommt. Entsprechend ist *regional branching* eine Erklärung dafür, wie es zur Herausbildung von regionalen technologischen Entwicklungspfaden kommen kann – nicht aber zu ihrem Bruch.

Exkurs 9: Spin-off, basierend auf Gabler Wirtschaftslexikon (2015)
Bei einem Spin-off handelt es sich um eine Ausgliederung eines Teils (z. B. einer Abteilung) einer Organisation (sogenannte Mutterorganisation), die durch eine Neugründung eines eigenständigen Unternehmens erfolgt. Einige oder alle Gründer des Spin-offs sind frühere Mitarbeiter der Mutterorganisation. Im Regelfall basiert das Unternehmen auf dem Wissen, das die Mitarbeiter in der Mutterorganisation erlernt haben. Häufig bestehen enge soziale, technologische und auch

wirtschaftliche Verflechtungen mit der Mutterorganisation. Das neugegründete Unternehmen ist aus diesen Gründen häufig in der gleichen oder in verwandten Branchen wie die Mutterorganisation tätig.

Es gibt mittlerweile eine stetig wachsende empirische Evidenz für die Relevanz des *regional branching*. Neffke et al. (2011b) zeigen unter Verwendung von Informationen zu Betriebsstätten und den dort hergestellten Produkten sowie zu Wanderungen von Arbeitnehmern zwischen Betriebsstätten, für schwedische Regionen, dass neue Betriebsstätten tendenziell in den Regionen gegründet werden, in denen es schon verwandte Branchen gibt. Gleichzeitig verschwinden Branchen signifikant öfter aus Regionen, zu deren industrieller Basis sie unverwandt sind.

Exkurs 10: Empirische Ermittlung von Technologieverwandtschaften
Es gibt zwei populäre Möglichkeiten, den Grad der Verwandtschaft zwischen Technologien/Wirtschaftszweigen (Branchen) zu ermitteln. Beim *klassifikationsbasierten Verfahren* wird auf die hierarchische Struktur von Wirtschaftszweig- oder Technologieklassifikationen zurückgegriffen. Demnach sind zwei Wirtschaftszweige verwandt, wenn sie zum gleichen übergeordneten Wirtschaftszweig gehören. Je größer die Anzahl der gemeinsamen übergeordneten Wirtschaftszweige, umso stärker ist die Verwandtschaft ausgeprägt (siehe z. B. Frenken et al. 2007).

Alternativ gibt es den relationalen bzw. *co-occurence*-Ansatz. Verwandtschaft wird hier über die Häufigkeit gemessen, mit der zwei Technologien/Wirtschaftszweige mit einem gemeinsamen Ereignis assoziiert werden können. Das Ereignis kann zum Beispiel räumliche Ko-Lokalisation sein. Der Grad der Verwandtschaft zwischen zwei Technologien/Wirtschaftszweige wird in diesem Fall darüber ermittelt, wie häufig die Aktivitäten innerhalb der beiden Technologien/Wirtschaftszweige in den gleichen Regionen angesiedelt sind. Die Idee dahinter ist, dass es einen Grund dafür geben muss, wenn zwei Technologien/Wirtschaftszweige sich häufig gemeinsam in den gleichen Regionen ansiedeln. In der Literatur wird in diesem Zusammenhang zum Beispiel angenommen, dass sie ähnliche Bedürfnisse in Bezug auf Ressourcen haben (Humankapital, Infrastruktur, etc.), was wiederum höchstwahrscheinlich in ihrer technologischen Verwandtschaft begründet ist (siehe Hidalgo et al. 2007; Boschma et al. 2014).

Boschma et al. (2014) verwenden für ihre Studie Patentdaten für 366 US-amerikanische Städteregionen von 1981 bis 2010. Auf dieser Basis ermitteln sie, dass die Eintrittswahrscheinlichkeit einer neuen Technologie in einer Region um 30 Prozent zunimmt, wenn der Verwandtschaftsgrad zu den in der Region existierenden Technologien um 10 % zunimmt. Für die Austrittswahrscheinlichkeit von nicht-verwandten Technologien wird ein ähnlicher Wert gefunden. Für Deutschland führen Otto et al. (2014) eine Studie durch, in der die Verwandtschaft von Industrien durch Informationen zu inter-industriellen Arbeitsplatzwechseln ermittelt wird. Im Gegensatz zu den vorangegangenen Studien steht hier aber das (absolute und relative) Beschäftigungswachstum im Vordergrund. So wird gezeigt, dass sich Branchen in Regionen besonders gut entwickeln, wenn die mit ihnen in der Region verwandten Branchen ebenfalls eine positive Beschäftigungsentwicklung aufweisen.

Die empirischen Studien weisen konsistente Ergebnisse auf und bestätigen somit die Relevanz von regionalen technologischen Pfaden und die des *regional branching*.

Entsprechend sind Verwandtschaftsbeziehungen zwischen Wissensgebieten (Technologien/Branchen) eine wichtige Determinante für die räumliche Verteilung von Innovationen und neuem Wissen, was wiederum die Grundlage für die räumliche Ungleichverteilung des wirtschaftlichen Wachstums legt.

8.6 Politische Unterstützung von Branchen

Der *regional-branching*-Prozess hat nicht unerhebliche politische Konsequenzen, die in diesem Abschnitt vorgestellt werden sollen. Aufgrund der relativen Neuheit dieses Ansatzes werden dieser aber bisher kaum in der aktuellen Innovationspolitik berücksichtigt, allerdings findet sich der Ansatz in der *smart-specialization*-Strategie der EU wieder, die aus diesem Grund im Anschluss ebenfalls präsentiert wird.

Aus dem *regional-branching*-Ansatz ergeben sich für die Politik insbesondere drei Einsichten:

- Die zukünftige wirtschaftliche Prosperität von Regionen wird vom vorhandenen technologischen und wirtschaftlichen Profil der Region maßgeblich geprägt.
- Die technologische und wirtschaftliche Entwicklung von Regionen folgt längerfristigen Entwicklungspfaden, von denen ein Abweichen nicht ohne Weiteres möglich ist.
- Die längerfristigen Entwicklungspfade definieren Chancen und Risiken der Regionalentwicklung.

Sind in einer Region junge und schnellwachsende Branchen angesiedelt, wird sich auch die Region wirtschaftlich positiv entwickeln, wenn es nicht zeitgleich Branchen gibt, die diese positiven Entwicklungen durch Schrumpfung kompensieren. Es sei aber angemerkt, dass auch Branchen, die global schrumpfen (z. B. in Bezug auf die Anzahl ihrer Arbeitnehmer), in einigen Regionen noch wachsen können, wenn die Schrumpfung mit einem Konzentrationsprozess der Branche einhergeht und die Region zu denjenigen Regionen gehört, in der sich die Branche konzentriert.

In der Realität sind Regionen natürlich immer durch eine Mischung aus jungen und alten Branchen geprägt und somit definiert die Balance der beiden, ob die regionale Wirtschaft insgesamt wächst oder schrumpft. Für die Wirtschaftspolitik ist es in diesem Zusammenhang wichtig, die Entwicklung von neuen jungen Branchen zu stärken, damit sich die technologische und ökonomische Basis von Regionen kontinuierlich erneuern kann. Entsprechend sind Maßnahmen, die Innovationen und Wissensgenerierung unterstützen, unerlässlich. Einige Beispiele für solche Maßnahmen wurden in Kap. 6 vorgestellt. Dazu gehört aber zusätzlich auch die Unterstützung von Unternehmensgründungen und Entrepreneurship, die hier allerdings nicht diskutiert werden können.

Es entwickeln sich fortwährend neue Branchen und damit sieht sich die Wirtschaftspolitik einem Dilemma gegenüber. Ihre Ressourcen reichen in den meisten Fällen nicht für eine gleichzeitige Unterstützung aller neuen und noch wachsenden Branchen aus. Das bedeutet, dass die politischen Maßnahmen auf einige wenige Branchen fokussiert werden müssen. Doch für welche Branchen ist die Förderung am vielversprechendsten?

Der *regional-branching*-Ansatz gibt hierauf eine Antwort: Es sollten die Branchen gefördert werden, die mit den in der Region überdurchschnittlich stark vertretenen Branchen verwandt sind. Denn diese Branchen können auf die in der Region vorhandene verwandte Vielfalt („*related variety*") zurückgreifen, d. h., sie können die bereits in der Region vorhandenen spezifischen Ressourcen (Wissen, Humankapital, Infrastruktur) gut nutzen und haben somit höhere Überlebenswahrscheinlichkeiten und bessere Wachstumsaussichten als Branchen, für die nur wenige verwandte Branchen in der Region existieren. Branchen, die mit der restlichen Regionalwirtschaft verwandt sind, „liegen auf dem technologischen Entwicklungspfad" der Region. Das bedeutet, dass die regionsinternen Wachstumskräfte (technologische Diversifikation, Innovationsaktivitäten, regionale Wissenstransfers) die Entwicklung dieser Branchen unterstützen und komplementäre Ressourcen bereitstellen. Durch die relativ hohe Erfolgswahrscheinlichkeit ist daher mit einer hohen Effizienz des Fördermitteleinsatzes zu rechnen. Eine solche Strategie, die auf dem *regional-branching*-Ansatz aufbaut, ist aus diesem Grund sehr vielversprechend.

Allerdings ist mit dieser Strategie das Risiko verbunden, dass sich bei ihrer fortwährenden Anwendung das Wissens- und Technologieprofil einer Region verengen kann und einen Rückgang der unverwandten Vielfalt („*unrelated variety*") fördert. In diesem Fall konzentrieren sich die regionalen F&E-Aktivitäten zunehmend mehr auf inkrementelle Veränderungen und Innovationen. Damit sinkt die Wahrscheinlichkeit, dass die Region zum Ausgangspunkt einer „technologischen Revolution" wird bzw. dass Innovationen generiert werden, die eine Branche radikal verändern oder neu definieren. Es sind aber gerade solche radikalen Innovationen, die über das größte Wachstumspotential verfügen. So wurden durch das iPhone und die Folgegeräte (iPad etc.) laut Apple über 627.000 Jobs in den USA geschaffen (Apple 2015). Obwohl diese Zahlen kaum nachprüfbar sind, ist es klar, dass das iPhone eine radikale Innovation darstellte und deutlich größere Wachstumseffekte damit verbunden waren, als mit inkrementellen Innovationen erreicht werden können.

Weiterhin hat eine diversifizierte und unverwandte regionale Wirtschafts- und Technologiestruktur den Vorteil, dass potentielle Schocks, die eine einzelne Branche und damit häufig auch die mit dieser Branche verwandten Branchen betreffen, besser abgefangen werden können. Eventuelle Beschäftigungsverluste in den betroffenen Branchen können durch die unverwandten und vom Schock nicht betroffenen Branchen kompensiert werden.

Somit sieht sich die Wirtschaftspolitik einem Trade-off zwischen der Förderung von großen, aber riskanten (Förderung von unverwandter Vielfalt) und moderaten, aber weniger riskanten (Förderung von verwandter Vielfalt) Wachstumsmöglichkeiten gegenüber.

Unabhängig für welche Strategie sich die Wirtschaftspolitik entscheidet, sollte dies auf einer fundierten Faktengrundlage geschehen. In anderen Worten, für die Umsetzung einer dem *regional branching* entsprechenden Innovations- und Wirtschaftspolitik ist es von essentieller Bedeutung, die technologischen Stärken und Schwächen von Regionen zu kennen sowie die Verwandtschaftsbeziehungen zwischen den regional ansässigen Branchen miteinzubeziehen. Die Forschung steht hier allerdings noch ganz am Anfang, so gibt es zurzeit noch nicht einmal einen einheitlichen empirischen Ansatz, wie die Verwandtschaft von Branchen und Technologien bestimmt werden kann (siehe Exkurs 10).

8.7 Die Smart-Specialization-Strategie der EU

Die intelligente Spezialisierung („*smart specialization*") ist ein Konzept mit dem Ziel, den Strukturwandel in Regionen hin zu wissens- und innovationsgeleitetem Wachstum zu fördern. Es geht zurück auf die *Knowledge for Growth expert Group* (K4G), die, primär aus Ökonomen bestehend, als unabhängiges Beratungsorgan der EU im Zuge der Neugestaltung der Lissabon-Agenda agierte. Das *smart-specialization*-Konzept ist Teil der EU Wachstumsstrategie „*Nationale/Regionale Innovationsstrategien für intelligente Spezialisierung (RIS3)*", die im Rahmen der EU-Kohäsionspolitik umgesetzt werden soll (siehe Exkurs 11). Genauer gesagt ist die Erarbeitung regionaler *smart-specialization*-Konzepte und Strategien die Vorbedingung (*ex-ante Konditionalität*) für Zuwendungen aus dem Europäischen Fonds für regionale Entwicklung (EFRE) unter dem sogenannten thematischen Ziel 1: *Stärkung von Forschung, technologischer Entwicklung und Innovation* in der Förderperiode 2014–2020.

Exkurs 11: EU-Kohäsionspolitik, basierend auf EU-Kommission (2014b)
Unter der Kohäsionspolitik versteht man das politische Bestreben ungleiche räumliche Entwicklungen in einem Gebiet auszugleichen. Besondere Bedeutung hat diese Politik für die EU, die versucht, mittels verschiedener Maßnahmen die Varianz des wirtschaftlichen Wohlstandes und des wirtschaftlichen Wachstums zwischen ihren Mitgliedsländern sowie zwischen ihren Regionen zu verringern.
  Im Rahmen der Kohäsionspolitik wird die EU über 350,- Mrd. Euro, fast ein Drittel des gesamten EU-Haushalts, im Zeitraum 2014–2020 aufwenden. Die meisten Mittel werden in Form von Kofinanzierungen an Regionen vergeben. In den am wenigsten entwickelten Regionen kann die Kofinanzierung bis zu 85 % der zuschussfähigen Ausgaben betragen.
  Die EU-Mittel für die Kohäsionspolitik sind in drei Hauptfonds aufgeteilt. Der Europäische Fonds für Regionale Entwicklung (EFRE) fördert die regionale wirtschaftliche und soziale Kohäsion durch Investitionen in wachstumsfördernde Branchen sowie grenzüberschreitende Kooperationsprojekte. Die Mittel des Europäischen Sozialfonds (ESF) können genutzt werden, um ungenügende Beschäftigungs- und Bildungschancen sowie Armut und soziale Ausgrenzung zu verringern. Aus dem Kohäsionsfond werden insbesondere Projekte gefördert, die umweltfreundliches Wachstum und nachhaltige Entwicklungen unterstützen. Er zielt primär auf wirtschaftlich schwächere EU-Länder mit einem Pro-Kopf-Einkommen von weniger als 90 % des EU-Durchschnitts ab.

Smart-specialization-Strategien sind ortsspezifische, integrierte Konzepte zur wirtschaftlichen Transformationen, die fünf Elemente enthalten (Europäische Kommission 2014a):

8.7 Die Smart-Specialization-Strategie der EU

„Sie richten die Unterstützungs- und Investitionsmaßnahmen auf wichtige nationale/regionale Prioritäten, Herausforderungen und Bedürfnisse aus, um eine wissensbasierte Entwicklung zu erreichen.

Sie bauen auf die spezifischen Stärken, Wettbewerbsvorteile und auf das Leistungspotential jedes Landes/jeder Region auf.

Sie unterstützen die technologische und praxisbasierte Innovation und dienen als Anreiz für Investitionen aus dem privaten Sektor.

Sie beziehen Interessenvertreter vollständig mit ein und ermutigen zur Innovation und Erprobung.

Sie basieren auf Belegen und beinhalten gut durchdachte Überwachungs- und Auswertungssysteme" (EU-Kommission 2014a, S. 2).

Aufbauend auf diesen Leitgedanken, sollen Staaten und Regionen ein politisches, gesellschaftliches und wirtschaftliches Umfeld gestalten, das Innovationsaktivitäten fördert. Dazu sollen die wichtigsten Akteure in einer Region (Unternehmen, Politik, Hochschulen, Forschungszentren, ...) in enger Zusammenarbeit ein regionsspezifisches Standortprofil entwickeln, das es der Region erlaubt, sich international „unverwechselbar" zu positionieren. In anderen Worten, durch die Vernetzung der zentralen Akteure sollen regionale Stärken identifiziert und Konzepte entwickelt werden, wie diese sich durch die EU-Förderung ausbauen lassen, um Wirtschaftswachstum zu generieren.

Durch die Betonung der regionalen Spezifität soll verhindert werden, dass Projekte gefördert werden, für deren Erfolg in einer Region oder in einem Staat die grundlegenden Bedingungen nicht gegeben sind. Weiterhin soll so erreicht werden, dass nicht alle Regionen und Länder die gleichen Dinge fördern (z. B. alle die Entwicklung der gleichen Technologie oder Industrie unterstützen) und sich damit gegenseitig Konkurrenz machen.

„In der Vergangenheit haben Regionen, ..., häufig versucht, ähnliche oder sogar die gleichen Prioritäten wie andere führende Regionen zu setzen, auch wenn sie mit ihren spezifischen Vermögenswerten keine oder nur geringe Chancen hatten, eine führende Position in diesem bestimmten Bereich zu übernehmen" (EU-Kommission 2014a, S. 5).

Im Kern ist die *smart-specialization*-Strategie somit eine Grundlage, um Standortkonzepte zu erarbeiten, wobei der Fokus auf der Schaffung von wissensbasierten Arbeitsplätzen liegt und das nicht nur in den *„führenden Forschungs- und Innovationsschmieden"* (EU-Kommission 2014a, S. 3), sondern gerade auch im ländlichen Raum.

Durch den Fokus auf wissensintensive Branchen und Innovationsaktivitäten berührt die *smart-specialization*-Strategie viele Dinge, die in diesem Buch behandelt worden sind. So wird zum Beispiel in dieser Strategie gefordert, die Vorteile von interorganisationalen Kooperationen und Wissensnetzwerken auszunutzen (siehe Abschn. 3.7 und 3.8):

„Die Optimierung der internen Beziehungen war schon immer ein zentraler Punkt der Innovationspolitik..."
„Die Regionen müssen jedoch auch nach außen gerichtet sein, sich in den europäischen und globalen Wertschöpfungsketten positionieren können und ihre Beziehungen und Kooperationen mit anderen Regionen, Clustern und Innovationsakteuren festigen. ... und einen

relevanten Wissenszufluss für die bestehende Wissensbasis der Region generieren können" (EU-Kommission 2014a, S. 5).

Das bedeutet, dass im Gegensatz zu früheren Politiken, in denen der Fokus stärker auf die regionsinterne Vernetzung der Akteure gelegt wurde, jetzt zusätzlich regionsübergreifende Interaktionen und Wissensaustauschprozesse berücksichtigt werden sollen. Diese sollen die potentiellen Schwächen im Wissens- und Technologieprofil einer Region kompensieren. Erkennbar ist hierin auch der Wille der EU, regionale *lock-ins* zu vermeiden, indem die Regionen angeregt werden, auf komplementäres Wissen (d. h. nicht auf Wissen, das identisch zu ihrem eigenen ist) zurückzugreifen, das aber in anderen Region zu finden ist (siehe auch Abschn. 8.3).

Insbesondere zeichnet sich die *smart-specialization*-Strategie aber dadurch aus, dass sie zentrale Elemente des *regional-branching*-Konzepts beinhaltet. Denn im Kern möchte die *smart-specialization*-Strategie Regionen dazu anregen, die Kohäsionsfondsmittel gezielt und konzentriert für eine Stärkung ihrer Stärken zu verwenden. Das soll dabei helfen, dass mit der Förderung eine kritische Masse erreicht wird, so dass die mit Hilfe der Förderung geschaffenen ökonomischen Strukturen in Zukunft auch ohne Förderung weiter existieren können.

Dazu müssen aber Regionen erst einmal ihre Stärken kennen bzw. diese identifizieren. Die Hilfestellung, welche die EU-Kommission diesbezüglich gibt, liest sich wie ein direkter Verweis auf das *regional-branching*-Konzept. So wird darauf verwiesen, dass gerade Differenzierung und technologische Diversifizierung essentiell sind für erfolgreiche regionsspezifische Strategien. Damit wird der Kernidee des *regional branching* Rechnung getragen, dass wirtschaftliches Wachstum primär über technologische Diversifizierung erreicht wird, d. h., dass Regionen ihre wirtschaftlichen Aktivitäten in neue Branchen ausdehnen und daraus Wachstum generieren.

> „Internationale Differenzierung und technologische Diversifizierung gehören zu den wichtigsten Faktoren bei der (Re-)Positionierung einer Region in einem globalen, extrem dynamischen und sich wandelnden Kontext und bei der Abhebung ihrer [smart-specialization-]Strategie von denen anderer Regionen" (EU-Kommission 2014a, S. 5).

Bezüglich der Branchen, die für eine solche Diversifizierung in Frage kommen, wird entsprechend des *regional-branching*-Konzepts argumentiert:

> „Wichtig ist nicht eine Diversifizierung per se, sondern die spezialisierte technologische Diversifizierung in aufstrebenden Wirtschaftszweigen. Dies beginnt bei der bestehenden regionalen Wissensbasis und ökonomischen Fähigkeit und zielt auf verwandte Bereiche mit einem höheren Mehrwert ab" (EU-Kommission 2014a, S. 5).

Regionen sollen daher Wirtschaftszweige identifizieren, die aufstrebend sind (jung und auch zukünftig mit hohen Wachstumsraten), aber gleichzeitig zu ihrer regionalen Wissensbasis passen bzw. verwandt sind:

Der erfolgversprechendste Weg für eine Region, ihr wissensbasiertes Wachstum zu fördern, ist der Einstieg in Technologien, Produkten und Dienstleistungen, die mit ihren bereits bestehenden erfolgreichen Technologien und Kompetenzbereichen verwandt sind. Wissens-Spillover sind dann am erfolgreichsten, wenn sie innerhalb von verwandten Branchen stattfinden (im Gegensatz zu einer Diversifizierung in nicht verwandte Sektoren) (EU-Kommission 2014a, S. 5).

Damit unterstreicht die *smart-specialization*-Strategie ganz klar die Ausrichtung der wirtschaftlichen und technologischen Diversifikation auf verwandte Branchen, um so die Vorteile der verwandten Vielfalt auszunutzen (komplementäre Ressourcen, effizienter Wissenstransfer, hinreichendes Potential für Neuerungen).

Allerdings bedeutet es auch eine einseitige Ausrichtung auf die Vorteile der verwandten Vielfalt. Die unverwandte Vielfalt findet herbei kaum Beachtung. Entsprechend finden im Rahmen der *smart-specialization*-Strategie keine regionalen Konzepte Unterstützung, die darauf abzielen, die regionale Wissensbasis radikal zu verändern und in neue, aber zu ihrer Wissensbasis unverwandte Branchen zu diversifizieren. Obwohl die *smart-specialization*-Strategie die Effizienz der eingesetzten Mittel erhöht, birgt sie damit auch die Gefahren, dass sich (ungünstige) Wirtschaftsstrukturen verfestigen können (siehe Abschn. 8.5). So wäre für das Ruhrgebiet in den 1970er-Jahren eine Diversifikation vom Montansektor weg in den Maschinenbau oder in energieerzeugende bzw. energieintensive Branchen wahrscheinlich im Sinne einer *smart-speciliziation*-Strategie förderfähig gewesen. Die größten Wachstumsraten wurden jedoch in den nachfolgenden Jahren im IuK-Sektor erzielt. Dieser ist allerdings mit dem größten Teil der Wissensbasis des Ruhrgebiets nicht verwandt und eine Förderung dieser Industrie wäre nicht unterstützt worden. Entsprechend schränkt die *smart-specialization*-Strategie auch bestimmte regionale Entwicklungspfade und -möglichkeiten ein.

Weiterhin setzt diese Strategie erhebliche Kenntnisse über die Zukunft voraus. So sollen Regionen heute Branchen mit Wachstumspotentialen identifizieren, die mit ihrer Wissensbasis verwandt sind, um von Ressourcen-Komplementaritäten und Wissens-Spillovern zu profitieren. Allerdings sind der Grad der Komplementarität und die Intensität des Wissensaustausches zwischen Branchen nicht fix, sondern sie verändern sich über die Zeit (siehe Broekel und Brachert 2015). So waren Anfang der 1990er-Jahre kaum Komplementaritäten zwischen der IuK-Technologie und anderen Branchen vorhanden. 20 Jahre später können das Wissen und die Produkte/Dienstleistungen, die mit dieser Technologie verbunden sind, in die wirtschaftlichen Aktivitäten von so gut wie allen Branchen eingebunden werden (Broekel und Brachert 2015). Eine Diversifikation in die IuK-Branche wäre entsprechend in den 1980er- bis 1990er-Jahren für die wenigsten Regionen attraktiv gewesen, was aus heutiger Sicht (und dem Wissen um die Entwicklung in den letzten 20 Jahren) allerdings ganz anders aussehen würde.

Resümee

In diesem Kapitel wurden die Grundlagen der Evolutorischen Ökonomik und deren Übertragung auf den wirtschaftsgeographischen Kontext, die Evolutorische

Wirtschaftsgeographie, vorgestellt. Dazu wurde das Grundmodell der Evolutorischen Ökonomik nach Nelson und Winter (1982) präsentiert, in dem in Analogie zur Biologie wirtschaftliche Veränderung mittels der aus der Biologie übernommenen Konzepte (Variation, Selektion und Vererbung von Routinen) erklärt werden. Weiterhin wurde herausgestellt, dass im Rahmen dieses Ansatzes Akteure nicht als rational, sondern als beschränkt rational aufgefasst werden. Das bedeutet auch, dass die Idee des repräsentativen Agenten, der in den Modellen der Neoklassik weit verbreitet ist, hier durch eine Populationsperspektive abgelöst wurde. Als ein wichtiger Mechanismus zur Erklärung wirtschaftlicher Entwicklung im Rahmen des evolutorischen Ansatzes wurde die Theorie der Pfadabhängigkeiten eingeführt.

Die Evolutorische Wirtschaftsgeographie baut auf diesen Konzepten auf, wendet sie aber auf Probleme der Wirtschaftsgeographie an. Ein prominentes Beispiel hierfür sind die regionalen technologischen Pfade. Die Pfade beschreiben die vergangene und mögliche zukünftige Evolution der technologisch-wirtschaftlichen Profile von Regionen, d. h. die relative Bedeutung von Technologien bzw. Wirtschaftszweigen in Bezug zu den gesamten wirtschaftlichen Aktivitäten in Regionen. Solche Pfade bedeuten, dass die aktuelle technologisch-wirtschaftliche Struktur die Möglichkeiten für zukünftige Entwicklungen formt. Eine Erklärung für die Entstehung solcher Pfade ist das *regional branching,* das ebenfalls im Kapitel behandelt wurde. Das *regional branching* beinhaltet, dass Regionen sich nicht mit gleichen Wahrscheinlichkeiten in alle neue Technologien und Wirtschaftszweige diversifizieren. Nach diesem Ansatz sind es die Technologien und Wirtschaftszweigen, die mit den in der Region bereits vorhandenen Technologien und Wirtschaftszweige verwandt sind, in die eine Diversifikation nicht nur wahrscheinlicher, sondern auch erfolgversprechender ist. Die politische Relevanz dieses Ansatzes wurde am Beispiel der Standortpolitik sowie der *smart-specialization*-Strategie der EU aufgezeigt.

Kontroll- und Lernfragen
- Worin unterscheidet sich die Evolutorische Ökonomik von der Neoklassischen Wirtschaftswissenschaft?
- Wie können die biologischen Konzepte der Gene, Variation, Selektion und Mutation auf wirtschaftswissenschaftliche Fragestellungen übertragen werden?
- Was sind Pfadabhängigkeiten und was sind regionale technologische Pfade?
- Auf welchen Prämissen baut der *regional-branching*-Ansatz auf?
- Welche Konsequenzen hat der *regional-branching*-Ansatz für die Wirtschaftspolitik?

Literatur

Apple. (2015). The App economy. http://www.apple.com/about/job-creation/. Zugegriffen am 28.08.2015.

Arthur, W. B. (1994). *Increasing returns and path dependence in the economy*. Ann Arbor: University of Michigan Press.

Boschma, R. A., & Frenken, K. (2007). Why is economic geography not an evolutionary science? Towards an evolutionary economic geography. *Journal of Economic Geography, 6*(5), 1–15.

Boschma, R. A., & Lambooy, J. G. (1999). Evolutionary economics and economic geography. *Journal of Evolutionary Economics, 9*, 411–429.

Boschma, R. A., & Martin, R. (2010). The aims and scope of evolutionary economic geography. In R. A. Boschma & R. Martin (Hrsg.), *Handbook of evolutionary economic geography*. Cheltenham/Northampton: Edward Elgar.

Boschma, R. A., & Wenting, R. (2007). The spatial evolution of the British automobile industry: Does location matter? *Industrial and Corporate Change, 16*(2), 213–238.

Boschma, R., Balland, P.-A., & Kogler, D. F. (2014). Relatedness and technological change in cities: The rise and fall of technological knowledge in U.S. metropolitan areas from 1981 to 2010. *Industrial and Corporate Change*, online first: doi:10.1093/icc/dtu012.

Breschi, S., & Lissoni, F. (2009). Mobility of skilled workers and co-invention networks: An anatomy of localized knowledge flows. *Journal of Economic Geography, 9*(4), 439–468.

Broekel, T., & Brachert, M. (2015). The structure and evolution of intersectoral technological complementarity in R&D in Germany from 1990 to 2011. *Journal of Evolutionary Economics*. doi:10.1007/s00191-015-0415-7.

David, P. A. (1985). Clio and the economics of QWERTY. *American Economic Review, 75*(2), 332–337.

David, P. A. (2001). Path dependence, its critics and the quest for ‚Historical economics'. In P. Garrouste & S. Ioannides (Hrsg.), *Evolution and path dependence in economic ideas* (S. 15–40). Cheltenham: Edward Elgar.

Eriksson, R. H. (2011). Localized spillovers and knowledge flows – How does proximity influence the performance of plants. *Economic Geography, 87*(2), 127–152.

Europäische Kommission. (2014a). Nationale/Regionale Innovationsstrategien für intelligente Spezialisierung (RIS3), Kohäsionspolitik 2014–2020. Informationsblatt.

Europäische Kommission. (2014b). Einführung in die EU-Kohäsionspolitik 2014–2020. http://ec.europa.eu/regional_policy/sources/docgener/informat/basic/basic_2014_de.pdf

Fornahl, D., et al. (2012). From the old path of shipbuilding onto the new path of offshore wind energy? The case of Northern Germany. *European Planning Studies, 20*(5), 835–855.

Frenken, K., van Oort, F. G., & Verburg, T. (2007). Related variety, unrelated variety and regional economic growth. *Regional Studies, 41*(5), 685–697.

Gabler Wirtschaftslexikon. (2015). http://wirtschaftslexikon.gabler.de

Gort, M., & Klepper, S. (1982). Time paths in the diffusion of product innovations. *The Economic Journal, 92*(367), 630–653.

Grabher, G. (1993). The weakness of strong ties: The lock-in of regional development in the Ruhr area. In G. Grabher (Hrsg.), *The embedded firm – On the socioeconomics of industrial networks* (S. 255–277). London/New York: Routledge, Reprinted in 1994.

Hassink, R. (2005). How to unlock regional economies from path dependency? From learning region to learning cluster. *European Planning Studies, 13*(4), 521–535.

Hassink, R. (2007). The strength of weak lock-ins: The renewal of the Westmünsterland textile industry. *Environment and Planning A, 39*(5), 1147–1165.

Helfat, C. E., & Lieberman, M. B. (2002). The birth of capabilities. Market entry and the importance of pre-history. *Industrial and Corporate Change, 11*(4), 725–760.

Hidalgo, C. A., et al. (2007). The product space conditions the development of nations. *Science, 317*(5837), 482–487.

Klepper, S. (2007). Disagreements, spinoffs, and the evolution of detroit as the capital of the U.S. automobile industry. *Management Science, 53*(4), 616–631.

Martin, R., & Sunley, P. (2006). Path dependence and regional economic evolution. *Journal of Economic Geography, 6*, 395–437.

Neffke, F., Henning, M., Boschma, R., Lundquist, K.-J., & Olander, L.-O. (2011a). The dynamics of agglomeration externalities along the life cycle of industries. *Regional Studies, 45*(1), 49–65.

Neffke, F., Henning, M., & Boschma, R. (2011b). How do regions diversify over time? Industry relatedness and the development of new growth paths in regions. *Economic Geography, 87*(3), 237–265.

Nelson, R. R., & Winter, S. (1982). *An evolutionary theory of economic behavior and capabilities.* Cambridge: Harvard University Press.

Otto, A., Nedelkoska, L., & Neffke, F. (2014). Skill-relatedness und Resilienz: Fallbeispiel Saarland. *Raumforschung und Raumordnung, 72*(2), 133–151.

Schamp, E. W. (2012). Evolutionäre Wirtschaftsgeographie: eine kurze Einführung in den Disskussionsstand. *Zeitschrift für Wirtschaftsgeographie, 56*(3), 121–128.

Schumpeter, J. A. (1912). In D. Herz Lexikon der ökonomischen Werke (Hrsg.), *Theorie der wirtschaftlichen Entwicklung.* Düsseldorf: Verlag Wirtschaft und Finanzen, 2003.

Schumpeter, J. A. (1942). *Capitalism, Socialism and Democracy.* New York: Harper.

Sydow, J., Schreyögg, G., & Koch, J. (2009). Organizational path dependence: Opening the black box. *Academy of Management Review, 34*(4), 689–709.

Timmermans, B., & Boschma, R. (2014). The effect of intra- and inter-regional labour mobility on plant performance in Denmark: The significance of related labour inflows. *Journal of Economic Geography, 14*(2), 289–311.

Wikipedia (2015), Mobile operating systems. https://en.wikipedia.org/wiki/Mobile_operating_system. Zugegriffen am 31.08.2015.

Witt, U. (2001). Wirtschaft und Evolution. *Zeitschrift für Sozialökonomie, 130*, 3.

WSJ. (2015). The wall street journal. The inside story of how the iPhone Crippled BlackBerry. http://www.wsj.com/articles/behind-the-rise-and-fall-of-blackberry-1432311912. Zugegriffen am 20.07.2015.

Gesamtresümee und Abschlusskontrolle 9

9.1 Resümee

Es war das Ziel des vorliegenden Buches, in ausgewählte aktuelle Aspekte der Wissens- und Innovationsgeographie einzuführen und die mit diesen Aspekten verbundenen wissenschaftlichen Debatten kurz widerzugeben. So wurden die Begriffe des Wissens und der Innovationen definiert sowie zueinander in Beziehung gesetzt. Es wurde deutlich gemacht, dass Innovationen so gut wie immer mit neu erschaffenem Wissen verbunden sind und dass für Letzteres interorganisationaler Wissenstransfer häufig eine Grundvoraussetzung ist. Damit wird die zentrale Bedeutung des interorganisationalen Wissenstransfers in der Wissens- und Innovationsgeographie unterstrichen.

Aufbauend auf diesen Grundlagen wurden verschiedene Arten des interorganisationalen Wissenstransfers behandelt. Für jede vorgestellte Art wurde die Relevanz der räumlichen Entfernung zwischen den am Wissenstransfer beteiligten Organisationen diskutiert. So konnte unter anderem herausgestellt werden, dass räumliche Nähe zwar so gut wie alle Arten des interorganisationalen Wissenstransfers unterstützt, es aber gravierende Unterschiede zwischen den verschiedenen Arten gibt.

Anschließend wurde die Debatte zur Rolle von Wissenstransfers als Ursache für räumliche Externalitäten aufgegriffen. So wurde argumentiert, dass Wissen in bestimmten Situationen einige Eigenschaften eines lokalen öffentlichen Gutes besitzt, d. h., es können andere Wirtschaftssubjekte nicht von der Nutzung ausgeschlossen werden und diese Nutzung kann nicht-rivalisierend im Charakter sein. In Situationen, in denen dieses gegeben ist, kann es zur Entstehung von räumlichen Externalitäten kommen, welche umso intensiver ausfallen, je geographisch näher eine Organisationen zu anderen Wissensquellen ist.

Allerdings ist die geographische Nähe nicht die einzige Näheart, welche die Beziehung zwischen Organisationen kennzeichnet. Im Buch wurden vier weitere Arten vorgestellt: die kognitive, die soziale, die organisationale und die institutionelle Nähe. Diese sind zwar mit der geographischen Nähe häufig korreliert, aber stellen eigene Nähedimensionen dar, welche die Wahrscheinlichkeit und Effizienz des interorganisationalen Wissenstransfers unabhängig von der räumlichen Entfernung beeinflussen. Dabei wurde gezeigt, dass insbesondere der kognitiven Nähe eine Sonderrolle zukommt, da sie nicht vollständig durch andere Nähearten substituiert werden kann. Weiterhin bestimmt sie auch das Lernpotential des Wissenstransfers und den Neuigkeitsgrad der aus einem Wissenstransfer hervorgehenden Innovation.

Weiterhin wurden die theoretischen Ausführungen um das Theoriegebäude der Evolutorischen Wirtschaftsgeographie erweitert. Diese stellt Innovationen und Wissenstransfers in den Mittelpunkt der Erklärung des ökonomischen Wandels. Im Buch wurden die Grundlagen dieses noch nicht vollständig kohärenten Theorieansatzes vermittelt. Besonderes Augenmerk wurde dabei auf das Konzept der Pfadabhängigkeiten sowie auf die Konzeption des *regional branching* gelegt. Das *regional branching* stellt einen konsistenten Erklärungsansatz für die ökonomische Evolution von wirtschaftlichen Raumsystemen dar, in dem insbesondere die Prozesse der technologischen Diversifizierung zentrale Rollen spielen.

Neben den Ausführungen zu grundlegenden theoretischen Aspekten der Wissens- und Innovationsgeographie beinhaltet das Buch auch Beispiele, in denen die theoretischen Erkenntnisse zur praktischen Anwendung kommen. Das betrifft vornehmlich eine Reihe von politischen Maßnahmen, die im Buch diskutiert werden. So wird erläutert, warum das BMBF vermehrt Verbundprojekte fördert und welche Effekte die EU-Forschungsrahmenprogramme haben. Auch die verschiedenen Forschungsinstitutionen in Deutschland werden vorgestellt sowie die *smart-specialization*-Strategie der EU.

Insgesamt bietet das Buch somit einen leichten Einstieg in die Thematik der Wissens- und Innovationsgeographie. Es schafft erste Einblicke in die grundlegenden Konzepte und Theorien sowie Fragestellungen. Gleichzeitig zeigt es Verbindungen zwischen den theoretischen Erkenntnissen und der Wirtschaftsförderpraxis auf.

9.2 Abschließende Kontroll- und Lernfragen

- Warum kann die Auseinandersetzung mit der Wissens- und Innovationsgeographie wichtig sein?
- Was versteht man unter Wissensnetzwerken und welche Bedeutung haben sie für die Wirtschaftspolitik?
- Welche Beziehung besteht zwischen dem geographischen Raum und der Wissensgenerierung sowie dem interorganisationalen Wissenstransfer?
- Auf welchem Weg können interorganisationale Wissenstransfers zu räumlichen Externalitäten führen?
- Worin unterscheiden sich MAR, Jacobs- und Urbanisierungsexternalitäten?
- Warum kann geographische Nähe für andere Arten der Nähe substituierend wirken?

9.2 Abschließende Kontroll- und Lernfragen

- Warum nimmt die kognitive Nähe eine Sonderrolle zwischen den verschiedenen Nähearten ein?
- Worin unterscheidet sich die Evolutorische Ökonomik von der Neoklassischen Wirtschaftswissenschaft?
- Wann kann es zur Herausbildung von technologischen Pfadabhängigkeiten kommen?
- Was versteht man unter *regional branching* und welche Rolle spielt es für die *smart-specialization*-Strategie der EU?

MIX
Papier aus verantwortungsvollen Quellen
Paper from responsible sources
FSC® C105338

If you have any concerns about our products,
you can contact us on
ProductSafety@springernature.com

In case Publisher is established outside the EU,
the EU authorized representative is:
**Springer Nature Customer Service Center GmbH
Europaplatz 3, 69115 Heidelberg, Germany**

Printed by Libri Plureos GmbH
in Hamburg, Germany